외국인을 위한
최신 한국 사회·문화 읽기

외국인을 위한 최신 한국 사회 · 문화 읽기

발행일 1판 1쇄 2024년 10월 16일

지은이 김중섭, 이명귀, 이미정, 최문석

펴낸이 박영호
기획팀 송인성, 김선명
편집팀 박우진, 김영주, 김정아, 최미라, 전혜련, 박미나
관리팀 임선희, 정철호, 김성언, 권주련
펴낸곳 (주)도서출판 하우

주소 서울시 중랑구 망우로68길 48
전화 (02)922-7090
팩스 (02)922-7092
홈페이지 http://www.hawoo.co.kr
e-mail hawoo@hawoo.co.kr
등록번호 제2016-000017호

값 18,000원
ISBN 979-11-6748-188-7 13710

외국인과 한국어 교사를 위한 한국 이해 필독서

외국인을 위한 최신 한국 사회·문화 읽기

지은이

김중섭, 이명귀, 이미정, 최문석

최신 한국 사회 현황 및 한류

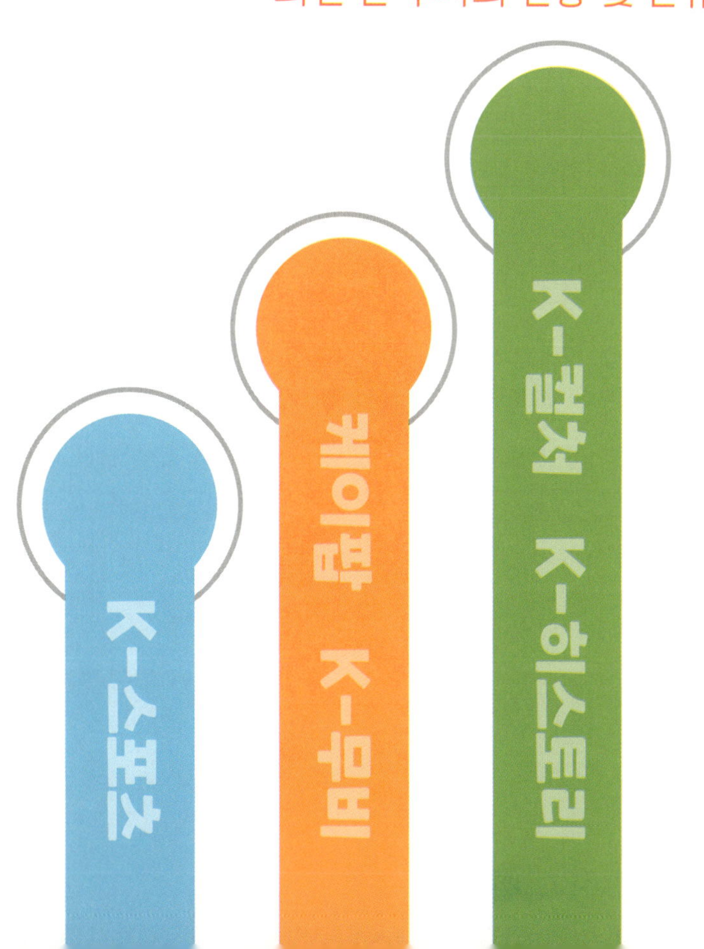

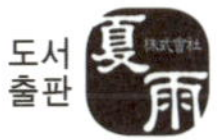

〈전 세계에서 한류 팬이 가장 많은 나라는 어디일까?〉, 〈'매운 라면'에 유럽도 열광
…드라마에 푸드까지 'K'〉, 〈"I LOVE 방탄" 전 세계 아미 총집결…BTS 데뷔 11주년 축
제〉, 〈'한류 쌍끌이' 김수현-변우석, 세계로 날다〉, 〈한류 수출 19.5조…소비재·관광 호
조에 전년 대비 9500억↑〉, 〈한국어과 입학 3300 대 1… 인구 14억 '코끼리 대륙'에 거센
한류 열풍〉, 〈문시연 세계 한류 학회장 "한류 확산서 타문화 교류 중요"〉.

요즘 한류와 관련해서 어떤 이슈들이 있을까 궁금해서 검색해 본 결과이다. 한류는
여전하구나, 세계인의 뜨거운 한류 사랑은 오늘도 진행형이구나 하는 생각이 들었다. 오
랜 기간 한국어 교육에 몸담아 오면서 참으로 많은 외국인을 만났고 많은 이야기를 주
고받았다. 그들이 한국에 오는 이유가 궁금하기도 하고 요즘 관심사는 무엇인지, 한국
에서 지내면서 힘든 일은 없는지 등등 이런저런 이야기를 한다. 그들로부터 듣는 답 역
시 저 제목들과 다르지 않다. 한국에 관심을 가지고 한국을 찾아 주는 그들 모두에게
참으로 감사한 마음이다. 그들이 바로 한국어 교육이 존재하는 이유이기 때문이다.

한류에 대한 이러한 문화적 관심이 이제는 산업적으로도 학문적으로도 큰 영향을
주고 있는 듯하다. 한류 관련 수출 등 산업적인 영향도 갈수록 커지고 있고 전 세계적
으로 한국어 학습자는 물론 한국어와 한국 문화 등 한국학을 전공하는 학생들도 크
게 늘고 있다. 한국어 반을 개설하고 있는 전 세계 초중고 학교는 43개국 1,928개교
(22.12.31. 기준, 교육부 제공 자료 참조)이며, 한국학 강좌를 운영 중인 해외 대학도 106개
국 1,407개(KF 통계 센터 기준)교에 달한다. 한국학을 넘어 이제는 한류를 학문적으로 바
라보는 한류학에 대해서도 전 세계 많은 학자들에 의해 연구가 이루어지고 있다.

한류, 한국어에 관한 최근의 상황을 확인해 보고자 몇몇 기사를 찾아보았고 그와 관
련된 몇몇 현황을 정리해 보았다. 사실 이러한 내용들을 자세히 확인해 보려면 여기저
기 흩어져 있는 자료들을 하나하나 찾아봐야 한다. 연구자의 입장에서도 쉽지 않은 작
업이다. 한류에 관심이 있고 한국어를 배우는 학생의 입장도 비슷한 것 같다. 유튜브나
여러 인터넷 사이트 등 개인적으로 참고하는 자료와 학교에서 배우는 책 등을 통해 이
것저것 한국어와 한국에 관한 다양한 것들을 배울 수 있다. 그러나 그러한 과정은 불

편하기도 하고 시간도 적지 않게 필요하다. 저자 역시 마찬가지였다. 학생들에게 한류를 비롯하여 한국 사회와 문화 전반에 대해 보다 다양한 이야기를 해 주고 싶어도 이를 만족시키는 교재를 찾기가 어려웠다. 여기 조금, 저기 조금 내용들이 흩어져 있을 뿐이었다. 이 책을 기획한 이유이다.

이 책을 통해 한류는 물론 한국 사회와 문화에 관심을 가지고 있는 모든 사람이 한국에 대해 보다 쉽고 간편하게 공부할 수 있으면 좋겠다. 외국인 학생들이 한국어를 배우는 가장 중요한 이유는 그들이 좋아하는 한국 문화를 '한국어 그대로' 즐기기 위해서이다. 드라마나 영화를 자막 없이 감상하고 한국어로 된 노래를 들으며 바로 이해하고, 또 부르고 싶어서이다. 그들이 사랑하는 스타가 하는 말을 한국어 그대로 이해하고 소통하기 위해서이다. 요컨대 한류에 대한 관심이 한국어 공부로 이어지는 이유이다. 한류를 즐기기 위해 한국어를 공부해 온 외국인들이, 이 책을 통해 한류와 한국의 사회, 문화에 대해 보다 쉽게 이해할 수 있기를 기대한다.

이를 위해 중고급 수준의 학습자들이 이해할 수 있는 표현을 중심으로 가능하면 쉽게 글을 구성하였다. 또 한국에 대해 전체적으로 이해할 수 있도록 한국의 언어, 예술, 스포츠, 과학, 교육, 역사 등 다양한 주제를 다루었다. 글을 읽으며 현재 한국에서 자주 사용되는 실제적인 단어와 표현을 익힐 수 있도록 노력하였다. 특히 최근의 한국 사회에 대해 이해할 수 있도록 가장 최신의 자료들을 참고하였다. 쉬운 표현으로 대체하기 어려운 단어와 표현의 경우 부록에 번역(일본어, 중국어, 영어)을 제시하여 사전 없이도 읽을 수 있게 하였다. 읽기 본문의 앞과 뒤에서는 글의 주제와 관련하여 생각해 볼 주제나 자료를 제시하거나 독자의 경험을 생각해 보도록 하여 내용 이해에 도움을 주고자 하였다. 또 퀴즈를 통해 스스로 읽은 내용에 대한 이해 정도를 확인해 볼 수 있도록 하였다. 특히 어휘 퀴즈의 경우 어휘 간의 의미 관계, 의미가 확장되는 방식 등 한국어 어휘의 특성에 대한 이해를 토대로 하나의 어휘를 통해 열 개의 어휘를 깨우치는 능력을 키울 수 있게 하고자 노력하였다.

끝으로 완전히 다른 형식으로 되어 있던 이 책이 지금과 같이 멋진 모습으로 다시 태어날 수 있도록 이끌어 주신 '도서출판하우'의 박민우 대표님, 꼼꼼하고 정성스러운 편집과 디자인으로 애써 주신 송인성 팀장님 이하 관계자 여러분께 깊은 감사의 마음을 전하고 싶다. 또 독자들이 보다 간편하게 이 책을 읽을 수 있도록 주요 어휘를 번역해 주신 경희대 국제교육원의 제니 박 교수님, 전옥 교수님께도 깊이 감사드리고 싶다. 사실 다른 무엇보다, 세상 누구보다 고마움을 전하고 싶은 사람은 바로 한국과 한국어, 한국 문화를 아끼고 사랑해 주는 전 세계 모든 한류 팬들과 한국어 학습자들이다. 이 말을 전하며 글을 맺고 싶다.

여러분, 고맙습니다. 그리고 여러분이 있어 행복합니다!

2024년 10월

저자 김중섭, 이명귀, 이미정, 최문석 일동

차례

제1장

키워드로 살펴보는 한국 사회 1

1. 신조어로 살펴본 한국 사회
2. 신바람 나는 세상, 한국
3. 한국 사회의 명과 암: 경쟁과 경쟁력

🎯 학습 목표

1 신조어에 대한 글을 읽고 신조어에 드러난 한국의 사회 현황을 이해할 수 있다.

2 한류가 세계인에게 사랑받는 이유에 대한 글을 읽고 한국 사회·문화의 특징을 이해할 수 있다.

3 '경쟁'을 중심으로 한국 사회의 특징을 살핀 글을 읽고 한국 사회 경쟁의 특징을 이해할 수 있다.

1 신조어로 살펴본 한국 사회

1. 다음은 한국에서 자주 사용되는 줄임말입니다. 어떤 말의 줄임말일지 생각해 봅시다.

① 생선:

② 고터:

③ 버정:

④ 베댓:

⑤ 알쓰:

⑥ 셤니:

⑦ #G:

⑧ 코노:

⑨ 최최차차:

⑩ 피켓팅:

⑪ 어쩔티비:

⑫ 저메추:

⑬ 만잘부:

⑭ 알잘딱깔센:

⑮ ㅇㄱㄹㅇ ㅂㅂㅂㄱ:

⑯ 별다줄:

2. '아아'는 '아이스 아메리카노'를 줄여서 부르는 말입니다. 또 다른 사람들과 잘 어울리며 인기가 많은 사람을 뜻하는 '인싸'는 '인사이더(insider)'를 줄인 말입니다. 그리고 이렇게 새로운 필요에 의해서 생겨난 말을 '신조어'라고 합니다. 여러분은 어떤 신조어를 알고 있습니까?

선생님, 저는 이런 신조어들을 알고 있어요.

①

②

③

④

⑤

새로 생긴 말. 또는 새롭게 **귀화한 외래어. 신조어**의 사전적 정의이다. 정의처럼 이전에 없던 새로운 말이 생긴 것을 신조어라고 하는데 신조어 중에는 한국어에서 **자체적으로** 생긴 말도 있고 한국어에 그런 표현이 없어서 외국어에서 새롭게 빌려온 한국어, 즉 외래어도 있다. 그런데 왜 새로운 말이 필요해진 것일까? 사회가 계속해서 변하기 때문이다. 전에 없던 새로운 개념이나 현상, 물건 등이 생기면서 이를 가리키는 말도 함께 만들어진 것이다. 따라서 신조어에 대해 알아보면 한국 사회에 어떤 일들이 일어나고 있는지, 한국 사람들이 주로 관심을 가졌던 것들은 무엇인지 등에 대해 살펴볼 수 있다.

신조어의 시작

신조어의 사용이 어제오늘의 일은 아니지만 요즘처럼 자주 사용되기 시작한 것은 컴퓨터와 통신이 발달하면서부터이다. 1980~90년대에 '**삐삐(무선 호출기)**'가 나오면서 '8282(빨리빨리, 숫자 '팔이팔이'를 '빨리빨리'로 읽음)', '1004(천사)', '0027(**땡땡이치자**, 0을 '땡'으로 읽고 숫자 칠에서 '치'를 이용)', '0123535(영원히 사모사모, '0'을 '영'으로, '1'을 영어 '원(one)'으로, '2'를 발음이 비슷한 '희'로 읽고 '35'를 사랑한다는 뜻의 '사모'로 표현함)'와 같이 숫자를 이용하여 간단하게 메시지를 전달하는 신조어들이 생겨났다.

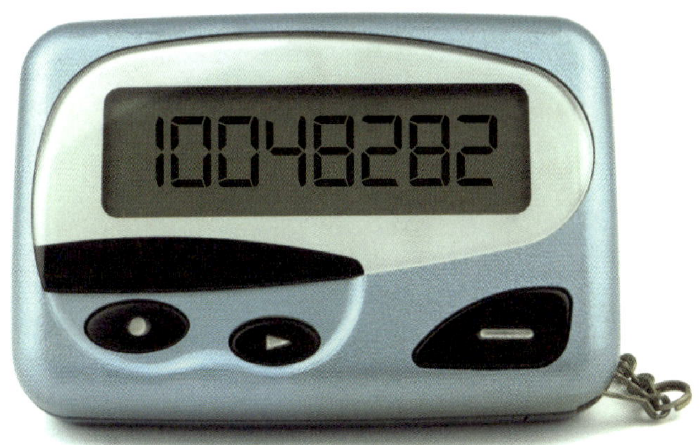

그리고 PC 통신이 등장하면서부터는 'ㅋㅋ(크크, 큭큭)', 'ㄱㅅ(감사)', 'ㅇㅇ(응응)' 등과 같이 컴퓨터 한글 **자판**의 **자음**만을 이용하여 간단하게 대화가 가능하도록 한 신조어들도 등장했다. 이 당시의 신조어는 새롭게 등장한 **기기**를 이용하여 간단하고 빠르게 상대와

의사소통을 하기 위한 목적으로 만들어진 것이 특징이다. 이러한 신조어들에는 무선 호출기와 PC 통신이 유행하던 1980~90년대의 사회 모습이 잘 나타나 있다.

※ 글의 내용으로 맞으면 O, 틀리면 X 하십시오.

1) 이전에 없던 말이 새롭게 생긴 것을 신조어라고 한다.

2) '1004', '0027'은 숫자를 이용하여 만든 신조어이다.

3) 신조어 사용이 활발해진 것은 휴대폰이 발달하면서부터이다.

※ 빈칸에 알맞은 말을 쓰십시오.

4) 다니엘은 대한민국 국적을 취득하기 위해 '____________ 시험'을 신청했다.

5) 한 나라의 문화 중에는 그 나라 고유의 문화도 있고 '____________ 문화'도 있다.

6) 예전에는 학교 수업을 ____________ 놀러 가는 아이들도 있었다.

7) 한글에서 'ㄱ, ㄴ, ㄷ, ㄹ' 등은 ____________이고 '아, 야, 어, 여' 등은 '모음'이다.

8) 사람들은 흔히 ____________이 언어로만 이루어진다고 생각한다. 하지만 실제 ____________에서 더 중요한 것은 몸짓이나 표정, 태도, 목소리 등을 통한 '비언어적 ____________'이라고 한다.

신조어의 변화

신조어는 사회적 필요에 의해 만들어지기 때문에 생기기도 쉽지만 사람들의 관심을 못 받으면 쉽게 없어지기도 한다. 90년대에 등장한 '방가(반가워)', '냉무(내용 무, 내용 없음)', 'X세대(1970년대 초반에 태어나 1990년대에 20대를 보낸 사람들)'와 같은 신조어는 아직도 비교적 자주 사용되는 것들이다. 2000년대 초반 개인주의 문화가 확산되면서 생긴 '혼밥

(혼자서 밥을 먹음. 또는 그렇게 먹는 밥)’, ‘혼술(혼자서 술을 마심. 또는 그렇게 마시는 술)’과 같은 표현도 그렇다. 2010년대 중반에는 ‘혼영(혼자서 영화 관람)’, ‘혼행(혼자서 여행)’, ‘혼밥러(혼밥-er, 혼자서 밥을 먹는 사람)’, ‘프로 혼밥러(professional 혼밥러, 혼자서도 밥을 잘 먹는 사람)’, ‘혼술러(혼자서 술을 마시는 사람)’ 등 비슷한 표현들이 만들어지면서 아직도 널리 사용되고 있다. 그러나 신조어 중 70%는 10년 안에 자연적으로 없어진다는 통계에서 알 수 있듯 상당수의 신조어는 머지않아 사라질 가능성이 크다.

한편, 신조어 중에는 사회의 변화를 반영하여 뜻이 달라지거나 단어의 일부가 바뀌는 것도 있다. ‘이태백’이라는 신조어가 그렇다. ‘이태백’은 중국 최고의 시인 중 한 명으로 꼽히는 시인 ‘이태백’의 이름을 활용하여 만들어진 신조어이다. 1990년대 말 동아시아 지역 외환 위기에서 비롯된 취업난으로 한국에서도 젊은이들이 취업에 큰 어려움을 겪었는데 그러한 사회 현실이 반영되어 있다. ‘이십대 태반이 백수’라는 표현에서 앞 글자만 이용하여 만든 줄임말이다.

이후 ‘이구백’, ‘삼태백’, ‘이퇴백’ 등 ‘이태백’에서 조금씩 형태가 바뀐 표현들이 등장한다. 취업난이 점점 더 심해진다고 느끼는 젊은이들이 많아지면서 ‘이구백(이십대 구십 퍼센트가 백수)’이 등장하고 ‘이태백’ 중에 삼십대까지도 취직을 못하는 사람이 늘면서 ‘삼태백(삼십대 태반이 백수)’이라는 표현까지 생긴 것이다. 2010년대 중반에는 ‘이퇴백(이십대에 퇴직한 백수)’이라는 표현도 등장한다. 취직한 회사에 만족하지 못하고 다시 취업을 준비하며 회사를 그만두는 사람이 많아졌기 때문이다.

이처럼 우리는 신조어를 통해 어떤 시대, 사회에 무슨 일이 있었고 그 시대 사람들이 어떻게 생활하였으며 어떤 생각을 했는지 쉽게 알 수 있다. ‘혼-’의 형태를 가진 신조어들을 통해 ‘나 홀로족(혼자 사는 사람. 또는 다른 사람과 어울리는 것보다 식사나 여가 생활 등을 혼자 하며 혼자서 지내는 것을 좋아하는 사람이나 그 집단)’이 많아진 사회적 변화를 알 수 있으며 ‘이태백’ 및 관련 표현을 통해 취업이 어려웠던 2000년대 당시 사회의 모습과 취업에 대한 젊은이들의 생각을 엿볼 수 있는 것이다.

※ 글의 내용으로 맞으면 O, 틀리면 X 하십시오.

1) 신조어는 한 번 만들어지면 잘 없어지지 않는다. ☐

2) '이구백, 삼태백, 이퇴백'은 모두 '이태백'이라는 신조어에서 비롯된 말이다. ☐

3) 신조어에는 사회 변화와 그것에 대한 사람들의 생각이 잘 나타나 있다. ☐

※ 빈칸에 알맞은 말을 쓰십시오.

4) 동서양의 문화에 대해 이야기할 때 흔히 동양은 '집단주의 문화', 서양은 '__________ 문화'가 발달해 있다고 한다.

5) 수준이나 실력이 꽤 높을 때, 또 뭔가가 꽤 많을 때 '__________하다'고 한다. '가격이 __________하다, 실력이 __________하다'와 같이 사용된다. 그래서 어떤 것의 수나 양이 많을 때 '__________히' 많다고 표현한다. 수가 많은 것은 '__________수', 양이 많은 것은 '__________량'이다.

6) '__________'는 '시간적으로 멀지 않다'는 뜻이고 '멀지 않다'는 한 곳과 다른 곳 사이의 거리가 가깝다는 말이다.

7) __________으로 일할 회사를 구하지 못하는 사람도 많지만 반대로 일할 사람을 구하지 못해 '구인난'을 겪고 있는 회사도 많다.

8) 직업이나 특별히 하는 일 없이 노는 사람을 __________라고 한다. 여자는 '백조'라고 하기도 한다.

최근의 신조어 및 문제점

예전과 달리 최근에는 무슨 뜻인지 전혀 추측하기 어려운, 아니 상상조차 할 수 없는 신조어를 자주 접하게 된다. 언어는 다른 사람과 생각이나 정보를 주고받으며 소통하기 위해 필요한 것인데 이러한 신조어들은 오히려 소통을 어렵게 만든다. 다음은 이런 신조어의 문제점을 잘 보여 주는 공익 광고의 일부이다.

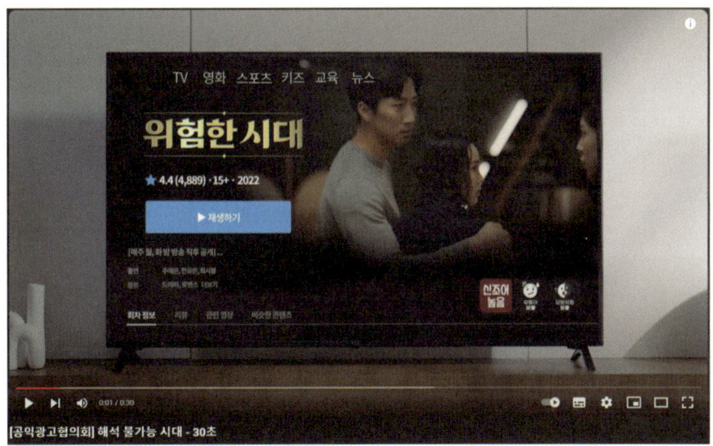

이건 '킹리적' '갓심'이라고.

그만해. 이건 '스불재'야.

먼저 킹리적 갓심은 '킹(king)', '합리적', '갓(god)심'을 합쳐서 만든 신조어이다. '킹리적'은 '아주 합리적'이라는 표현을 줄인 것인데 '킹왕짱'(더 좋을 수 없을 정도로 최고로 좋다)이라는 신조어에서처럼 '킹(king)'이 '아주', '가장'의 뜻으로 사용되었다. 또 '갓(god)+심'은 '의심'의 앞부분을 '갓(god)'으로 바꾼 것으로 '신과 같은 능력을 가지고 하는 의심', 그래서 '확실한 의심'이라는 뜻을 가지게 된다.

다음으로 '스불재'는 '스스로 불러온 재앙'을 줄인 말이다. 우연이지만 어떤 물건이나 서비스를 이용하기 전에 미리 돈을 내는 '선불제'와 발음 및 단어 구성이 비슷하다. 이 광고의 제목이 '해석 불가능 시대'이다. 광고 제목처럼 정말 따로 공부를 하지 않고서는 무슨 말인지 도저히 알기 어렵다. 신조어는 대부분 기존의 표현을 이용해 만들어지기 때문에 언어를 풍부하게 한다. 뿐만 아니라 그것이 생긴 이유, 즉 사회적 변화를 잘 드러내고 있어 해당 사회에 대한 이해를 도울 수 있다는 점에서 유용하다.

그러나 공익 광고가 필요할 정도로 신조어가 소통을 어렵게 하고, 그것이 언어 파괴로 이어진다면 오히려 득보다 실이 클 수 있다. 'TMI(Too Much Information, 너무 많은 정보)', '럴루(real 리얼+로, 진짜로)', '내또출(내일 또 출근, 주말 휴식 뒤에 이어지는 월요일 출근에 대한 스트레스를 표현하는 말)'. 새롭게 알게 된 신조어들을 보며 이런저런 생각이 든다.

※ 글의 내용으로 맞으면 O, 틀리면 X 하십시오.

1) '스불재'는 '선불제'와 비슷한 뜻을 가진 신조어이다. ☐

2) 대부분의 사람들은 자기 나라의 말인 신조어에 대해 잘 알고 있다. ☐

3) 신조어는 소통을 어렵게 하기 때문에 없어져야 할 불필요한 말이다. ☐

※ 빈칸에 알맞은 말을 쓰십시오.

4) 공무원은 자기의 개인적 이익인 '사익'이 아니라, 국민과 국가의 이익, 즉 ___________을 위해 일을 해야 한다.

5) ___________는 돈을 먼저 내고 낸 돈만큼 사용하는 제도이고 '후불제'는 먼저 쓰고 나중에 사용한 만큼 돈을 내는 제도이다.

6) 일반적으로 새로 나온 제품은 ___________ 제품에 비해 성능은 좋지만 가격은 비싸다.

7) 외국어를 듣고 따라 하는 것은 언어 학습에 도움이 되는 ___________ 방법이다.

8) 교통비를 아끼려고 1시간 넘게 걸어서 학교에 오는 친구가 있었다. 내 생각에는 교통비는 조금 아낄 수 있겠지만 일찍 일어나야 하고 시간도 낭비하게 되니 ___________ 것 같았다.

활동 1 여러분 나라에서 유행하고 있는 신조어에는 어떤 것이 있는지 정리해 봅시다.

①

②

③

활동 2 앞에서 정리한 신조어를 통해서 알 수 있는 여러분 나라의 현재 모습, 상황에 대해
이야기해 봅시다.

①

②

③

신바람 나는 세상, 한국

1. 여러분은 '한국' 하면 가장 먼저 떠오르는 것이 무엇입니까? 왜 그것이 떠오릅니까?

①

②

③

④

⑤

2. 한국을 좋아하는 외국인들은 어떤 이유 때문에 한국을 좋아하는 걸까요? 여러분은 어떤가요? 여러분이 즐기는 한국의 문화에는 어떤 것들이 있습니까?

1) 선생님, 저는 외국인들이 이런 이유 때문에 한국을 좋아한다고 생각해요.

①

②

③

④

⑤

2) 그리고 저는 한국의 이런 것들을 좋아하고 자주 즐겨요.

①

②

③

④

⑤

　여러분은 한국 하면 가장 먼저 떠오르는 것이 무엇인가? 아마도 K-팝이나 '오징어 게임(2021년 9월 17일부터 넷플릭스에서 서비스)' 같은 한국의 드라마를 떠올리는 사람이 많을 것이다. 한국 '문화체육관광부'에서는 전 세계의 **한류** 현황을 알아보기 위해 매년 외국인을 대상으로 설문 조사를 실시하고 있다. 2023년에 실시한 조사 결과(26개국 22,500명 대상)에 따르면 K-팝이 14.3%로 1위를 **차지했고** 한식(13.2%), 한류 스타(7.4%), 드라마(6.6%), 정보·기술(IT) 제품 및 브랜드(5.6%) 순으로 많은 응답을 얻었다고 한다. 예전에는 삼성, LG 등으로 대표되는 한국의 기업이나 빠른 인터넷 속도 등 IT와 관련된 것들이 첫째 **순위**로 꼽혔는데 이제는 K-콘텐츠로 대표되는 문화·예술 분야가 한국을 대표하는 이미지가 되었다.

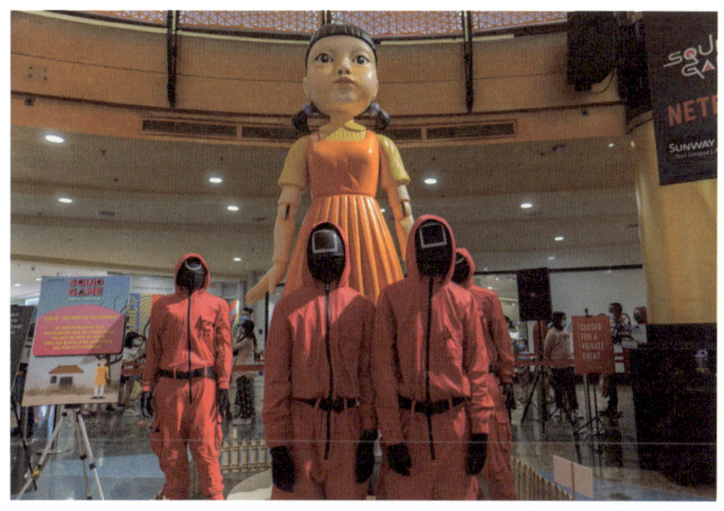

　그렇다면 한국의 문화와 예술이 이처럼 세계적인 사랑을 받게 된 이유는 무엇일까? 드라마 '사랑의 **불시착**(tvN 드라마, 2019. 12. 14.~2020. 2. 16., 현빈, 손예진 등 출연)'으로 유명한 박지은 작가는 '시청자의 요구에 맞춰 작품을 제작하는 한국의 환경'을, '한국국제교류문화진흥원(KOFICE)'의 관계자는 '다른 국가와 **차별화되는** 콘텐츠 자체의 우수성'을 첫째 이유로 꼽았다. 이 외에도 답하는 사람의 수만큼이나 다양한 이유가 있을 것이다. 인기 요인을 다양한 데에서 찾을 수 있다는 것은 한류의 인기가 앞으로도 **지속될** 가능성이 크다는 뜻이기에 반가운 일이 아닐 수 없다. 그런데 참 궁금하다. 왜 그럴까?

　지금 이 글을 읽고 있는 독자 여러분은 어떤가? 왜 그렇게 한류를 좋아하고 관심을 가지고 있는가? 이 글을 읽고 있는 정도라면 여러분 역시 누구보다 한류에 관심이 많은 사람일 것이니 한번 스스로에게 물어보라. 도대체 나는 왜 한류를 좋아하고 즐기는지. 이에 대해 수많은 외국인을 만나며 저자가 얻은 결론은 이것이다. 음악이든 드라마든 영화든 한류가 큰 관심을 받고 있는 이유는 그것이 신나고 즐겁기 때문이라는 것이다. 어떤가? 저자의 생각에 공감이 되는가?

실제로 한국에 와 있는 외국인들에게 물어보면 한국에는 재미있게 즐길 수 있는 것들이 많아서 참 좋다는 답변을 자주 들을 수 있다. 특히 3주 정도의 단기 프로그램으로 온 학생들은 더욱 그렇다. 오전 수업이 끝나면 한국에서 하고 싶었던 일, 각자의 한국 문화 체험 버킷 리스트(Bucket list, 죽기 전에 하고 싶은 일을 적은 목록) 활동이 시작된다. 노래방, 피시방, 찜질방, 보드게임(board game)방, 스크린 골프장, **사주 카페**, 곳곳의 예쁜 카페들(성수동, 익선동 카페 거리 등), SM·YG·JYP 엔터테인먼트(entertainment)의 회사 건물 방문, 치맥(치킨과 맥주), 한강 공원에서 라면 먹기 등등. 여러분의 버킷 리스트는 무엇인가?

재미, 즐거움, **신바람**, 바로 이것이 한국 문화의 특징이자 한류의 가장 큰 매력이 아닐까 싶다.

QUIZ 1

※ 글의 내용으로 맞으면 O, 틀리면 X 하십시오.

1) 최근 외국인들은 한국에 대해 생각할 때 삼성, LG 등 한국의 대표 기업을 가장 먼저 떠올린다.

2) 한류가 사랑받는 이유에 대한 사람들의 생각에는 큰 차이가 없다.

3) 저자는 앞으로도 한류의 인기가 계속될 것이라고 생각한다.

※ 빈칸에 알맞은 말을 쓰십시오.

4) ___________는 1990년대 후반에 중국과 일본에서 한국 가수와 드라마가 인기를 끌면서 생긴 용어이다.

5) 올림픽 등의 대회에서 1위는 금메달, 2위는 은메달, 3위는 동메달을 받는다. 이런 1위, 2위, 3위 같은 순서를 ___________라고 한다. 이것이 사용된 표현으로 '선___________'는 다른 것보다 순서가 먼저라는 뜻이고 '후___________'는 그 반대의 뜻을 가진 말이다. 또 '우선___________'는 다른 것보다 먼저 어떤 것을 차지하거나 사용할 수 있는 차례나 위치, 먼저 해야 할 일을 뜻한다.

6) ___________은 항공기가 고장이나 연료 부족 등으로 목적지가 아닌 다른 장소에 착륙하는 것을 말한다.

7) 어떤 것에 아주 신이 나서 즐거운 기분이 들 때 '___________이 난다'고 한다. 참고로 춤에 빠져서 춤만 생각하는 것은 '춤바람'이다. 또 사귀는 사람, 결혼한 사람 이외에 다른 이성을 몰래 만나면 '바람을 피운다'고 한다. 모두 마음에 새로운 바람이 불어와 이전과 다르게 변한 것이다.

활동 여러분이 한국에서 했던 일 중에서 가장 재미있었던 것은 무엇입니까? 또 한국에서 꼭 해 보고 싶은 여러분의 버킷 리스트는 무엇입니까?

1) 선생님, 저는 한국에서 한 일 중에 이게 제일 재미있었어요.

①

②

③

2) 그리고 한국에서 이런 이들을 꼭 해 보고 싶어요.

①

②

③

▎즐거움의 원천, 한국의 놀이

놀이는 여행, 관광, 레저(leisure), 스포츠 등 여러 가지 놀거리 중 하나이다. 한류에 관심이 있는 외국인이라면 한국의 놀이라고 할 때 앞에서도 이야기한 드라마 '오징어 게임'을 쉽게 떠올릴 수 있을 것이다. 실제로 드라마 제목인 '오징어 게임' 자체가 예전에 한국인들이 즐겨 했던 대표적인 놀이 이름이다. 지금도 가끔씩 예능 프로그램의 아이템으로 활용되고 있기도 하다. 그 외에도 '오징어 게임'을 보면 '무궁화 꽃이 피었습니다', '달고나 뽑기', '딱지치기', '구슬치기', '줄다리기' 등 많은 한국인이 어린 시절 시간 가는 줄 모르고 즐겼던 추억의 놀이들이 등장한다.

이 드라마가 전 세계적으로 인기를 끌면서 한국 곳곳에 오징어 게임에 나오는 놀이들을 직접 해 볼 수 있는 체험관들이 만들어지고 있다. 해외에서도 '한국의 날' 등의 행사 때 오징어 게임 체험관이 운영되곤 했다. 프랑스의 경우 잠시 운영되다 사라지는 '팝업(pop-up) 스토어'이긴 했지만 오징어 게임 체험장이 한국보다도 먼저 만들어졌다. '오징어 게임'이 공개(2021. 9. 17.)되고 인기를 끌자 넷플릭스 프랑스에서 파리에 이틀(2021. 10. 2.~3.) 간 체험관을 운영했는데 방문객이 수천 명에 이를 정도로 큰 인기를 끌었다고 한다.

홍콩의 한 업체에서는 '오징어 게임'을 체험해 볼 수 있는 'VR 게임'을 개발 중이라고 한다. 또 미국의 아마존(Amazon)을 비롯한 여러 인터넷 쇼핑몰에서는 '달고나 뽑기'를 해 볼 수 있는 '달고나 만들기 키트(kit)'가 인기리에 판매되기도 했다. 조금 나이가 있는 한국 사람이라면 누구나 달고나에 대한 추억이 있을 텐데 사실 꼭 이런 기구가 있어야 달고나를 만들 수 있는 것은 아니다. 그냥 설탕과 소다(soda, 베이킹 소다)만 있어도 간단하게 만들 수 있다. 먼저 쇠로 만들어진 숟가락 위에 설탕을 올리고 가스레인지(gas range) 위에서 녹인다. 설탕이 다 녹으면 '소다'를 조금 넣는데 그러면 설탕물 색이 노랗게 변하면서 맛있는 '달고나'가 된다. 간단하지만 진짜 맛있다. 아이들이 좋아해서 저자도 가끔 만들어 먹곤 했다.

보통 놀이라고 하면 주로 아이들이 즐기는 것으로만 생각하기 쉬운데 꼭 그렇지는 않다. '오징어 게임'에 나오는 다양한 놀이에 세계 각국의 어른들이 깊이 빠져든 것처럼 한국에서는 방송에서도, 생활 속에서도 '놀이'를 통해 즐거움을 찾는 경우가 많다. 인기 예능 프로그램에서는 출연자들이 '윷놀이', '끝말잇기' 등을 하며 본인은 물론 시청자들에게 웃음을 가져다준다. 저자의 경우도 문화 수업이나 특별 수업 때 가끔 학생들과 윷놀이를 하곤 하는데 학생들이 이보다 더 즐거워하는 일이 없다. 특히 윷을 던져서 상대방의 말을 잡을 때는 건물이 떠들썩할 정도로 소리를 지르며 좋아한다. 세상에 이보다 더 재미있는 게임은 그다지 많지 않을 것 같다.

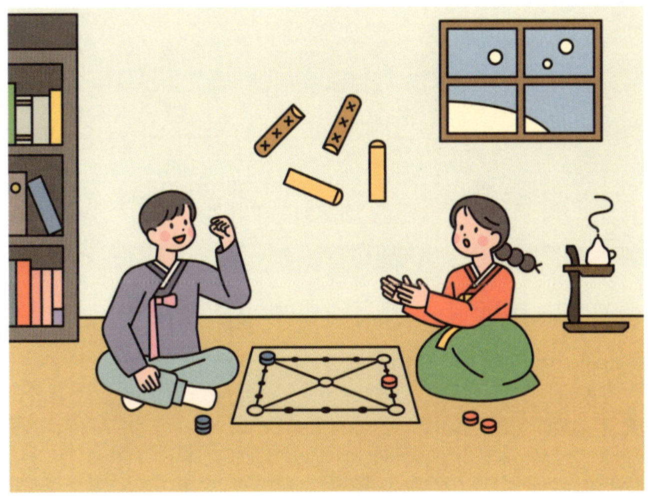

일반인도 술자리나 모임에서 '369 게임'(1부터 숫자를 말하는데 3, 6, 9로 끝나는 숫자가 나올 때는 말하는 대신 박수를 치는 게임), '눈치 게임'(게임에 참여하는 사람의 수만큼 숫자를 정한 뒤, 한 사람이 한 번씩 숫자를 외치는 게임. 다른 사람과 동시에 같은 숫자를 외치거나 마지막까지 숫사를 외치지 못하면 벌칙을 받게 됨) 등을 하며 놀이를 즐긴다. 한국에서는 아이들뿐만 아니라 어른들에게도 놀이가 생활의 한 부분으로 중요한 역할을 하고 있는 것이다.

※ 글의 내용으로 맞으면 O, 틀리면 X 하십시오.

1) 드라마 '오징어 게임'에는 윷놀이, '369 게임' 등 한국의 대표적인 놀이들이 나온다. ☐

2) '오징어 게임 체험관'에 가면 여러 가지 한국 놀이를 해 볼 수 있다. ☐

3) 한국에서는 어른들도 즐거운 분위기를 위해 술자리 등의 모임에서 게임을 즐긴다. ☐

※ 빈칸에 알맞은 말을 쓰십시오.

4) 놀이가 될 만한 여러 가지 것들을 '놀___________'라고 한다. 마찬가지로 구경할 만한 것은 '구경___________', 먹을 수 있는 것들은 '먹___________' 라고 한다.

5) 유재석, 강호동 등이 나오는 '런닝맨', '아는 형님' 등은 한국에서 가장 오랫동안 큰 사랑을 받아 온 '___________ 프로그램'이다. 강호동은 원래 한국 최고의 씨름 선수였는데 은퇴 후에 '___________인'이 되었다.

6) 한국에서는 2016년부터 '인형 ___________'가 큰 인기를 얻고 있다. 2015년까지는 전국에 20개 정도밖에 없던 '인형 ___________ 가게'가 2016년에는 500곳, 2017년에는 1,200여 개로 증가했다고 한다.

7) '범죄도시 3'에 이어 '범죄도시 4'도 ___________에 상영되면서 1,150만 명의 관객을 끌었다. 비슷한 표현으로 '크게 칭찬을 받는 가운데'의 뜻을 가진 '절찬리'라는 표현도 있다. 신제품이 ___________에, 또는 절찬리에 판매되다와 같이 사용된다.

8) ___________은 정해진 각종 법 등을 지키지 않았을 때 '벌을 주기 위해 정해 놓은 규칙'을 말한다. 한편 법으로 정해 놓은 것, 자연과 사물 사이에 존재하는 변하지 않는 원인과 결과 같은 일반적인 규칙은 '법칙'이라고 한다. '인과의 법칙', '엔트로피의 법칙', '관성의 법칙', '파레토의 법칙', '머피의 법칙' 등 자연과 세상에는 수많은 '법칙'이 존재한다.

활동 여러분이 실제로 해 본 한국이 놀이는 무엇입니까? 어땠습니까? 앞으로 어떤 놀이를 해 보고 싶습니까?

①

②

③

변화와 유행, 바닥나지 않는 재미

좋아하는 음식도 두 끼 이상 계속 먹으면 맛이 덜하듯 아무리 재미있는 영화나 드라마도 몇 번씩 반복해서 보기는 힘들다. 인간은 늘 새로운 것을 원하기 때문이다. 그런 면에서 한국은 지루해질 틈이 없는 곳이다. 가만히 있고 싶어도 그러기가 쉽지 않다. 무척이나 변화가 많고 속도 역시 빠르다. 우스갯소리지만 한국의 국제 전화 '국가 번호'가 '82'인 이유가 한국 사람들이 무엇이든 빨리(숫자 82의 발음을 이용해 '빨리'로 읽은 것)하는 것을 좋아하기 때문이라는 말이 있을 정도이다.

드라마가 큰 인기를 끌면 주인공이 입고 나온 옷이나 액세서리가 순식간에 유행을 한다. 너도나도 유행하는 옷이나 액세서리를 사는 바람에 금방 품절이 된다. 운 좋게 제품 구입에 성공한 사람들이 올린 인증 사진이 며칠 사이에 SNS 여기저기에 올라오기도 한다. 유행이 어른들만의 일은 아니다. 몇 년 전에는 '터닝메카드'라는 애니메이션 프로그램(2017. 9. 14~2018. 4. 5., 'KBS 2'에서 방송)이 인기를 끌면서 이 방송에 나오는 로봇으로 변신하는 장난감도 함께 유행을 했다. 대형 마트에는 이 장난감을 사기 위해 문이 열리기를 기다리는 아이들과 엄마, 아빠들로 긴 줄이 만들어지기도 했다. 저자 역시 당시 초등학생이었던 준영과 준성, 두 아들 덕분에 여러 번 그런 경험을 해야 했다.

이처럼 한국에서는 뭔가 새로운 것이 인기를 끌면 금방 사람들 사이에서 유행을 한다. 그리고 얼마 있으면 다른 새로운 무언가가 나타나 또다시 사람들의 마음을 사로잡는다. 사회 변화의 속도도 빠르고 사람들도 그러한 변화를 받아들이는 데 익숙하다. '대한무역투자진흥공사(KOTRA)'에 따르면 대한민국은 신제품을 선호하고 유행에 민감한 소비층이 충분히 형성되어 있다고 한다. 그래서 한국은 세계적인 기업들로부터 '테스트 베드(test bed)'로 관심을 끌고 있다. '대한민국에서 통해야 세계에서도 통한다'는 말이 생길 정도이다.

사람들이 새로운 것을 쉽게 받아들이고 그렇게 생긴 변화에 빨리 적응한다는 것은 달리 말하면 기존의 것 역시 그리 오래 이용하지 않는다는 뜻이기도 하다. 그것이 무엇이든 한국 사람들의 선택을 받기 위해서는 끊임없이 새로운 즐거움을 만들어 내야 한다. 한국이 재미로 가득한 '신바람 나는 세상'이 되는 이유이다.

※ 글의 내용으로 맞으면 O, 틀리면 X 하십시오.

1) 한국에서는 사람들이 일을 빨리 하게 하려고 국제 전화 '국가 번호'를 '82'로
   정했다.

2) 한국에서는 어른뿐만 아니라 어린이들에게도 유행하는 것들이 있다.

3) 한국에는 새로운 제품에 관심을 보이는 사람들이 많다.

※ 빈칸에 알맞은 말을 쓰십시오.

4) 가지고 있던 돈이나 물건을 다 써서 ____________이 보일 정도로 없어진 것을
   '____________나다'라고 한다. 표가 다 팔려서 '____________난 것'은 '매진',
   못 먹고 지쳐서 몸에 있던 기운, 힘이 없어진 것, 즉 '소진'된 것은 '탈진'이다.
   또 이렇게 아주 심하게 지친 상태를 '기진맥진'이라고 한다.

5) ____________은 몸의 모양이나 태도, 성격 등을 바꾼다는 뜻이다. '해리포터'
   같은 영화에 나오는 마법사들은 사람이나 물건을 여러 가지 다른 것으로
   '____________시킨다'. 이런 ____________을 마법사만 하는 것은 아니다.
   오래전 '여자의 ____________은 무죄'라는 한 광고 문구가 유행한 적이 있다.
   화장이나 의상에 따라 사람도 ____________이 가능한 것 같다.

6) 어떤 물건이 다 팔리고 없는 것을 ____________이라고 한다. 이것처럼 결혼을
   해서 더 이상 이성으로 만날 수 없는 사람을 남자는 '____________남', 여자는
   '____________녀'라고 한다.

7) ____________은 무엇인가에 대해 '믿을 수 있는 것', '실제로 한 것'임을
   증명하는 것이다. 그래서 어딘가에 갔을 때, 또 어떤 것을 먹거나 샀을 때 찍는
   사진을 '____________ 사진, '____________ 샷'이라고 한다.

8) '____________'라는 말은 '동물을 산 채로 잡는 것'처럼 사람들의 생각이나
   마음을 한곳으로 향하게 해서 잡아끄는 것을 뜻한다. '입맛을 ____________',
   '고객을 ____________', '남심(남자의 마음) 또는 여심을 ____________'와
   같이 사용된다.

활동 1 여러분도 친구나 주변 사람들을 따라서 유행하는 물건을 사거나 유행을 따라 해 본 경험이 있습니까? 어떤 것입니까?

①

②

③

활동 2 여러분 나라에서 사람들이 자주 즐기는 놀이에는 어떤 것이 있습니까?

①

②

③

활동 3 여러분 나라의 문화나 놀거리 중 외국인에게도 잘 알려져 있거나 쉽게 즐길 수 있는 것은 무엇입니까?

①

②

③

1. 여러분은 세계에서 가장 가난한 나라였던 한국이 지금처럼 발전할 수 있었던 이유가 무엇이라고 생각합니까?

   선생님, 저는 이런 것들 덕분에 한국이 지금처럼 발전할 수 있었다고 생각해요.

   ①

   ②

   ③

   ④

   ⑤

2. 여러분은 한국 사람들이 어떤 문제들 때문에 스트레스를 많이 받는다고 생각합니까?

   선생님, 저는 이런 문제들이 한국 사람들에게 큰 스트레스를 주고 있다고 생각해요.

   ①

   ②

   ③

   ④

   ⑤

한강의 **기적**을 이룬 나라. **원조**를 받는 나라에서 주는 나라로 변신한 유일한 국가. 1960년대 이후 한국이 이루어 낸 놀라운 경제적 성과를 가리키는 표현들이다. 이러한 성과들이 하나둘 쌓인 결과일까? 2021년에는 '유엔 무역 개발 회의(UNCTAD)'에서 한국의 지위를 개발 도상국에서 선진국 그룹으로 변경하였다. 한 국가의 지위가 **개발 도상국**에서 선진국으로 바뀐 것은 1964년에 이 **기구**가 만들어진 이후 처음 있는 일이라고 한다.

비교적 최근의 일이지만 1990년대부터는 문화적인 면에서도 경제적 발전만큼 큰 성과가 이어지고 있다. 한국의 드라마를 시작으로 음악, 영화, 최근에는 음식과 화장법 등에 이르기까지 한국의 각종 문화가 '한류'라는 이름으로 전 세계인의 사랑을 받고 있다. 그 결과 '봉준호' 감독, '기생충', '윤여정' 배우 등 한국의 대중예술가와 작품이 세계적으로 유명한 시상식에서 큰 상을 받았다는 소식도 자주 듣게 된다.

경제 발전에 필요한 자연 자원은 물론 거의 아무런 기술도 가지고 있지 않던 한국이 짧은 기간에 이처럼 눈부신 발전을 할 수 있었던 이유는 무엇일까? 아시아 동쪽 끝 작은 나라에서 만들어 낸 문화적 결과물들이 전 세계인에게 기쁨과 즐거움을 줄 수 있게 된 원동력은 도대체 어디에 있는 것일까? 다양한 의견이 가능할 것이나 필자는 '경쟁'과 '경쟁력'이라는 것에서 그 답을 찾아보고자 한다.

QUIZ 1

※ 글의 내용으로 맞으면 O, 틀리면 X 하십시오.

1) 다른 나라에서 원조를 받던 여러 나라가 경제 발전을 통해 원조를 주는 국가가
되었다.

2) 한국은 개발 도상국에서 선진국으로 국가 지위가 변경된 최초의 국가이다.

3) 한국 문화는 1960년대부터 한류라는 이름으로 전 세계인의 사랑을 받았다.

※ 빈칸에 알맞은 말을 쓰십시오.

4) ___________은 '일반적으로 일어나기 힘든 놀라운 일'을 뜻하는 말이다. 그런
___________ 같은 일이 생겼을 때 '___________적'인 일이라고 한다. 높은
곳에서 떨어졌는데 안 죽거나, 다른 사람은 모두 죽은 큰 사고에서 살아난 경우
'___________으로 살아남다'와 같이 표현한다.

5) '국제 ___________', '운동 ___________'의 빈칸에 들어가는 단어는 소리는
같지만 뜻이 다른 말이다. 하나는 어떤 일을 위해 많은 사람이 모여 만든 조직,
단체라는 뜻이고 다른 하나는 '요리 ___________', '놀이 ___________'처럼
어떤 일을 하는 데 필요한 물건이나 도구를 뜻하는 말이다.

6) '어떤 일을 발전시키고 계속해서 해 나갈 수 있게 하는 힘'을 ___________ 이라고 한다. 특히 여러 가지 ___________ 중에 가장 근본이 되는 것은 '원___________'이라 한다. 예컨대 이 세상 부모에게 자녀들은 하루하루를 열심히 살아갈 수 있게 하는 삶의 '원___________'이라 할 수 있다.

▎경쟁의 배경과 경쟁

경제적으로나 문화적으로 가지고 있는 자원과 기술이 거의 없었기에 한국이 경쟁력을 확보할 수 있는 방법은 교육과 훈련을 통해 우수한 인재를 **양성하는** 것이었다. 그리고 이를 통해 확보된 인재들을 통해 지금까지 경제적 발전과 성장을 이루어 왔다. 이에 한국 사회 **구성원**들에게 경쟁은 선택이 아닌 필수였다.

경쟁에서 앞서가기 위한 첫 번째이자 가장 중요한 과제는 **일류** 대학에 진학하여 좋은 학력을 갖는 것이다. 이를 위해 한국 아이들은 어린 시절부터 끊임없이 공부와 좋은 성적을 강요받으며 성장한다. 1등부터 **꼴등**까지의 성적에 따라 아이들의 순위가 정해지고 보다 높은 순위에 오르기 위해 학교는 전쟁터와 같은 곳이 된다. 또 부족한 공부를 보충하고 다음 공부를 준비하기 위해 초등학교 시절부터 학원은 또 하나의 학교가 된다. 이렇게 대학에 입학하기 전까지 아이들은 입시(대학 입학시험)라는 전쟁에서 승리하기 위해 모두 **전사**가 되어야 한다. 전사가 되어 잠은 물론 취미와 여가 생활 등과 싸우며 자신이 가진 시간과 에너지를 공부에 집중해야 한다. 드라마 '스카이 캐슬'(Sky Castle, JTBC에서 방송, 2018. 11. 23.~2019. 2. 1.)에는 한국 입시 교육의 이런 드라마 같은 현실이 잘 드러나 있다.

입시 전쟁이 끝나면 다음은 취업 전쟁이다. 소개팅, 연애, 엠티(Membership Trainging, 대한민국의 대학 문화 중 하나로 주로 새 학기 초에 단체로 다녀오는 짧은 여행), 축제와 같은 대학 생활의 **낭만**을 즐기는 것도 잠시, 취업을 위한 본격적인 경쟁이 시작된다. 취업을 위해 필요한 각종 자격과 조건, 이른바 스펙(specification의 줄임말로 직장을 구할 때 요구되는 학벌, 학점, 영어 점수 등의 평가 요소. '학벌, 학점, 토익 점수, 자격증, 어학연수, 수상 경력, 인턴 경험, 봉사 활동'을 취업을 위한 '8대 스펙'이라 함)을 갖추기 위해 아이들은 또다시 도서관과 학원을 오가는 생활을 해야 한다. 취업 준비 학원도 다니고, 필요하면 취업 컨설팅(consulting)도 받으면서 취준생('취업 준비생'을 줄여서 이르는 말)이 되어 취업을 위한 스펙을 하나씩 준비해야 한다.

이것이 끝이 아니다. 남보다 빠른 승진을 위해, 조건이 더 좋은 곳으로 직장을 옮기기 위해 취업 이후에도 경쟁은 계속된다. 이러한 영향 때문일까? 한국에서는 음악 순위 방송을 비롯하여 방송 프로그램에서도 참가자들이 노래와 춤 등을 경쟁하며 순위를 정하는 오디션(audition) 프로그램들이 큰 인기를 끌고 있다. 오디션 프로그램의 시초라 할 수 있는 '스타 오디션, 위대한 탄생(약칭 위탄)'을 비롯하여 '댄싱 위드 더 스타(Dancing with the Star)', '프로듀스 X 101', '미스터 트롯', '스트리트 우먼 파이터(Street Women Fighter, 약칭 스우파) 등 한두 가지가 아니다.

이러한 경쟁적 요소는 심지어 '런닝맨'(SBS 방송 프로그램, 유재석 등 출연, 대한민국의 대표적인 예능 프로그램 중 하나) 같은 예능 방송에서 프로그램의 주요 아이템(item)이 되고 있기도 하다. 요컨대 '런닝맨'은 일종의 게임처럼 진행되는 출연자들 간의 경쟁이 프로그램에서 가장 중요한 부분 중 하나이다. 이 경쟁에서 좋은 순위(1, 2위)를 기록한 출연자는 상품을 받고 집에 일찍 돌아갈 수도 있다. 반면 경쟁에서 가장 낮은 순위를 기록한 출연자들은 늦게까지 남아 벌칙을 받는다.

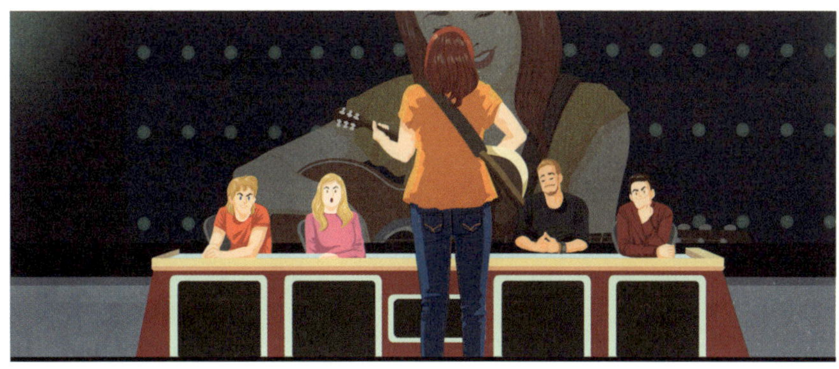

※ 글의 내용으로 맞으면 O, 틀리면 X 하십시오.

1) 더 많은 자원을 개발하기 위해 한국에서는 국민들이 끊임없이 경쟁하도록 했다.

2) 한국에서 좋은 대학에 진학하는 것은 경쟁에서 앞서 나가기 위해 아주 중요한
　 일로 생각된다.

3) 학창 시절부터 계속되는 한국인들의 경쟁은 사회생활이 시작되어야 끝이 난다.

※ 빈칸에 알맞은 말을 쓰십시오.

4) ＿＿＿＿＿＿＿는 어떤 분야에서 가장 뛰어난 단체나 사람 등을 뜻한다.
그것보다 약간 못하거나 부족한 것을 말할 때는 '이류', 가장 수준이 낮은 것은
'삼류'라고 한다. '삼류 호텔', '삼류 대학', '삼류 기업' 등과 같이 사용된다. 반면
＿＿＿＿＿＿보다도 더 뛰어난 것을 말할 때, 또는 그런 것임을 강조할 때는
'초＿＿＿＿＿'라고 한다.

5) 어떤 대학을 졸업했는지, 어느 정도까지 교육을 받았는지를 가리키는 말인
＿＿＿＿＿＿은 한국 사회에서 다른 무엇보다 중요시된다. 자신과 같은
대학을 졸업한 사람에게 더 관심을 가지고, 그 사람의 실제 능력보다도 졸업한
학교에 따라 평가하는 '＿＿＿＿＿＿주의'가 강하기 때문이다.

6) ＿＿＿＿＿＿는 어떤 것의 맨 처음을 뜻하는 말이다. '최초'와 뜻이 비슷하다.
한편 한 집안이나 민족 등의 처음은 '시조'라고 한다. 대한민국의 시조는
'단군'이고 인류의 시조는 '아담과 이브(Adam and Eve)'이다.

7) ＿＿＿＿＿＿은 '약식 명칭'의 줄임말이다. 어떤 것의 '정식 명칭'을 간단하게
말하고 싶을 때 사용하는 명칭이다. 참고로 다른 사람을 부를 때 사용하는
명칭은 '호칭', 높여서 부르는 말은 '존칭'이라고 한다.

경쟁의 산물들, 그리고

경쟁은 표면적으로 좋은 결과로 이어진다. 같은 목적을 가진 둘 이상의 대상이 이기거나 앞서기 위해 서로 **겨룬다는** 경쟁의 의미처럼 경쟁 상대가 있으면 더욱 열심히 노력할 수밖에 없기 때문이다. 경쟁적인 환경은 사람들을 열심히 노력하지 않을 수 없게 만든다. 경쟁을 거치는 과정에서 모두 각 분야의 실력자가 된다. 그렇게 쌓아 올린 실력을 통해 한국은 한강의 기적, 그리고 문화 **강국**으로의 발전을 이룰 수 있었다.

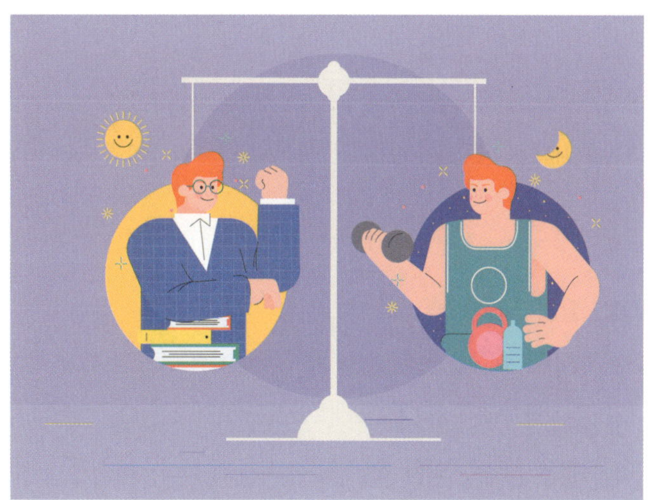

그러나 이처럼 국가 경쟁력의 원동력이 된 경쟁적 환경과 **치열한** 경쟁은 한편으로는 모두에게 큰 스트레스가 되기도 한다. 대학 입학 전까지는 입시 **지옥**에서, 또 취업 후에는 '메신저 감옥'(카카오톡 등의 메신저로 인해 사무실 밖에서도 업무에서 벗어나지 못하는 상황

을 비유적으로 이르는 말)에서 '쉼포족'(휴식을 포기해야 할 정도로 바쁘고 힘든 삶을 사는 현대인을 뜻하는 신조어)으로 살아야 하는 것이 한국인의 현실이다. 자살률 1위, **저출산** 1위와 같은 **불명예스러운** 기록 역시 이러한 사회 환경과 무관하지 않다.

한국은 이미 선진국으로 평가받는 나라이다. 생존을 위해 치열한 경쟁을 할 수밖에 없던 가난한 시절은 이미 지나갔다. 무엇보다 이전 세대와 달리 MZ 세대(1980년생부터 1994년생까지의 밀레니얼(millennial) 세대와 1995년부터 2000년대 초반의 출생자를 가리키는 Z 세대를 합쳐 일컫는 말)로 불리는 젊은 사람들은 이러한 경쟁적 환경을 더 이상 참으려 하지 않는다. 정신없고 바쁜 일상이 아니라 저녁이 있는 여유로운 삶을 원한다. 경쟁에서의 승리가 아니라 '일과 삶의 균형(워라밸, Work and Life Balance)'이 보다 큰 가치를 가지는 사회 분위기가 **조성되어야** 한다. 하루하루의 일상이 행복이 되고 그것이 경쟁력이 되는 사회, 하루라도 더 살고 싶고 한 명이라도 더 많은 자녀를 낳아 **선사해** 주고 싶은 그런 사회를 꿈꾸어 본다.

QUIZ 3

※ 글의 내용으로 맞으면 O, 틀리면 X 하십시오.

1) 경쟁 상대가 있을 때 사람들은 경쟁에서 이기기 위해 일을 더 열심히 한다.

2) 경쟁이 지속적으로 계속되면 사람들은 큰 스트레스를 받는다.

3) 한국의 MZ 세대는 성공을 위해 이전 세대보다 더 경쟁에서 승리하기를 원한다.

※ 빈칸에 알맞은 말을 쓰십시오.

4) '크고 강한 나라'는 '__________'과 '대국'이라는 말을 합해 '강대국', '작고 약한 나라'는 '약국'과 '소국'을 합해 '약소국'이라고 한다. 한편 다른 사람보다 더 뛰어난 점은 '강점', 약한 것은 '약점'이라고 한다. 비슷한 표현으로 남보다 잘하거나 긍정적인 점은 '장점', 반대는 '단점'이다.

5) ____________은 살아 있을 때 나쁜 일을 많이 한 사람이 죽어서 가게 된다고
생각하는 곳이다. 거기에 가면 자신이 한 나쁜 일에 따라 끝없이 벌을 받는다고
한다. 그래서 살아 있지만 생활이 너무 힘들어서 '____________ 같을' 때도
'생____________', '산____________'이라고 한다.

6) ____________는 '명예롭지 못한 것'이다. 다니던 직장이나 하던 일을 끝까지
하지 못하고 문제가 있어 중간에 그만두는 것을 '____________ 은퇴',
'____________ 퇴직'이라고 한다.

활동 1 경쟁에서 이기고 싶은 마음이 여러분에게 도움이 되었던 적이 있습니까? 언제,
어떤 경험에서였습니까?

①

②

③

활동 2 여러분은 여러분 나라에서 가장 경쟁이 심한 일, 국민들이 가장 스트레스를 많이
받는 문제가 무엇이라고 생각합니까?

①

②

③

키워드로 살펴보는 한국 사회 2

1. 코로나19 팬데믹과 OTT 전성시대
2. 다문화 사회, 한국
3. 한국의 종교 현황과 점술 산업

🎯 학습 목표

1 OTT 산업의 현황에 관한 글을 통해 코로나로 인한 사회 변화를 이해할 수 있다.

2 다문화 사회화가 진행 중인 한국의 상황과 해결 과제에 대한 글을 읽고 이해할 수 있다.

3 한국의 종교·점술에 관한 글을 통해 관련 현황과 한국인의 특징을 이해할 수 있다.

1 코로나19 팬데믹과 OTT 전성시대

※ 여러분 나라에서는 코로나 기간에 어떤 일들이 있었나요? 여러분이나 주변 사람들이 코로나19로 인해 겪었던 불편하거나 힘들었던 경험들, 그로 인한 사회 변화에 대해 이야기해 봅시다.

1) 선생님, 우리나라에서는 코로나 기간에 이런 일들이 있었어요.

①

②

③

④

⑤

2) 그리고 저도 코로나 때문에 이런 일들이 힘들고 불편했어요.

①

②

③

④

⑤

3) 하지만 그런 변화 중에 이런 것들은 오히려 좋았던 것 같아요.

①

②

③

④

⑤

코로나19 **팬데믹**(pandemic)은 한국은 물론 전 세계에 많은 사회적 변화를 가져왔다. 그중에서도 영화나 드라마 같은 영상 콘텐츠 시장은 OTT(Over The Top, 동영상 스트리밍(streaming) 서비스 **플랫폼**(platform). 여기에서 Top은 'Set-Top Box, 셋톱박스'를 뜻하는 것으로 TV에 연결하여 위성 방송과 인터넷 스트리밍 같은 방송·서비스를 이용할 수 있게 해 주는 상자를 말함.)의 등장과 함께 큰 변화를 겪었다. '사회적 거리 두기'로 인해 영화관 입장이 어려워졌기 때문이다.

이에 영화사들은 투자한 돈을 되찾기 위해 자신들의 상품(영화)을 사실상 **휴업** 상태인 영화관 대신 OTT 업체에 팔 수밖에 없게 되었다. 그 결과 많은 자본을 가진 OTT 업체가 낮은 가격으로 영화를 **싹쓸이하면서**, 영상 콘텐츠 시장의 새로운 **강자**가 되었다. 이러한 사정은 드라마도 마찬가지였다. **지상파 방송**의 시청률이 감소하자 드라마 제작자들도 OTT로 **몰려들게** 되었다.

한국은 인터넷 **보급률**이 99.7%(2019년 기준)에 달할 정도로 세계적으로 **손꼽히는** IT 강국이다. 나라 안 구석구석까지 빠르고 질 좋은 인터넷 서비스가 제공되고 있다. OTT 산업이 성장할 수 있는 좋은 조건을 갖추고 있는 셈이다. 스마트폰 보급률도 세계 최고 수준이다. 미국의 시장 조사 기관인 '퓨 리서치(Pew Rearch)'에 따르면, 2019년 한국의 스마트폰 보급률은 95%로 세계 1위로 나타났다. 선진국들의 중간인 76%보다 **무려** 20% 가까이 높은 수치이다. 심지어 일반 휴대폰까지 포함하면 100%의 보급률을 보였다. 이에 '넷플릭스', '디즈니 플러스' 같은 세계적인 OTT 기업들이 한국 시장에 들어오고 있다. 반면 주요 선진국의 스마트폰 보급률은 미국 81%, 영국 76%, 일본·캐나다 66%, 러시아 59% 등으로 나타나 80%를 넘는 국가가 드물었다.

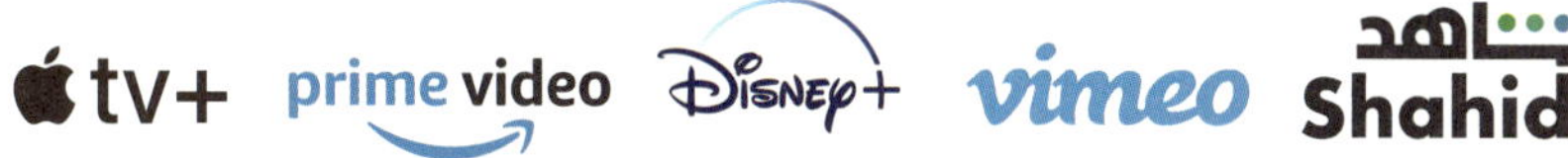

코로나 기간이 길어지면서 코로나19가 팬데믹에서 **엔데믹**(endemic, '안'을 뜻하는 그리스어 'en'과 '사람'을 뜻하는 'demos'에서 **유래한** 말로 외부에서 들어오지 않은 감염병을 뜻함)으로 바뀌고 있다. 이에 따라 OTT 산업의 성장도 점점 느려지고 있다. 팬데믹 기간 동안 OTT

가 **대중화**된 건 분명하지만 이용자가 감소하고 OTT 기업 간의 경쟁이 더욱 치열해진 탓이다. 그러면서 **적자**를 **면하지** 못하는 기업도 많아지고 있다.

특히 한국의 주요 OTT 회사들은 적자가 심각한 수준이다. 관련 통계에 따르면 2022년 기준 '티빙'은 1,192억 원, '웨이브'는 1,213억 원, '왓챠'는 454억 원의 적자를 기록했다. 이전 해에 비해 두 배 이상 적자가 급증한 **수치**이다. 이런 상황에서도 세계 1위 업체인 넷플릭스가 **흑자**를 기록한 것은 주목할 만하다. 넷플릭스가 한국의 젊은 사람들에게 단순한 서비스가 아니라 문화적 현상이자 일종의 **명품** 같은 것으로 받아들여지고 있는 것으로 볼 수 있기 때문이다.

한국 사회는 이제 OTT **전성시대**에 접어든 것으로 보인다. OTT가 편리한 사용자 환경, **막대한** 제작비 사용 등을 통해 지상파 방송 등 전통적인 매체를 앞서고 있다. 이것이 한국만의 현상은 아니다. 선진국들은 물론 브라질, 필리핀, 남아프리카 공화국 등 **이머징 국가**들(emerging countries)도 비슷한 상황이다. 코로나 기간에 변화된 생활 스타일이 이미 되돌리기 어려운 하나의 문화 현상으로 자리를 잡은 것이다.

QUIZ

※ 글의 내용으로 맞으면 O, 틀리면 X 하십시오.

1) 코로나19로 인해 영화관 입장이 어려워지자 지상파 방송의 드라마가 큰 인기를 끌었다.

2) 2019년 기준 한국의 스마트폰 사용 비율은 미국보다 낮다.

3) 2022년 기준 한국의 OTT 산업은 성장을 계속하고 있다.

4) 넷플릭스는 한국 젊은이들에게 단순한 OTT 이상의 의미를 갖고 있다.

※ 빈칸에 알맞은 말을 쓰십시오.

5) __________은 사업이나 영업 등을 잠시 쉰다는 뜻이다. '임시 __________', '__________ 수당' 등과 같이 사용된다. 관련 표현으로 '휴가', '휴직', '휴무' 등이 있다.

6) __________는 어떤 것을 하나도 빠짐없이 모두 다 가지거나 없앤다는 뜻이다. '__________ 청소기', '__________ 홈런', '제품 __________'와 같이 사용된다.

7) __________는 힘이나 세력이 강한 사람이고 '약자'는 그 반대이다. '최__________'는 가장 강한 사람을 말한다.

8) __________는 번 돈인 수입이 쓴 돈, 즉 지출보다 많은 것이다. '적자'는 반대로 수입보다 지출이 많은 것이다. '__________가 나다', '__________를 보다'와 같은 표현으로 자주 사용된다.

활동 1 여러분은 현재 어떤 OTT 서비스를 주로 이용하고 있습니까? 여러분 나라에서는 어떤 OTT 서비스가 많이 이용되고 있습니까?

1) 선생님, 저는 이런 OTT 서비스를 이용하고 있어요.

①

②

③

2) 그리고 우리나라에서는 이런 OTT 서비스를 많이 이용하는 것 같아요.

①

②

③

활동 2 여러분은 영화나 드라마를 어떻게 봅니까? ① 영화관에 직접 가서 보는 것과 OTT를 통해 보는 것 중 어떤 방식을 더 선호합니까? ② 주로 어떤 기기(스마트폰, 태블릿 등의 컴퓨터, TV)를 통해 드라마나 영화를 봅니까? 특별한 이유가 있습니까?

①

②

※ 한국의 출산율이 갈수록 낮아지고 있습니다. 지금도 세계에서 가장 낮은데 더 큰 문제는 점점 더 낮아지고 있다는 것입니다. 정부에서도 여러 가지 대책을 찾고 있는데 좀처럼 나아지지 않고 있습니다. 여러분은 한국의 출산율이 낮은 이유가 무엇이라고 생각합니까? 여러분은 어떻습니까? 결혼하면 아이를 낳고 싶습니까? 이유는 무엇입니까?

1) 선생님, 저는 이런 이유들로 인해 한국의 출산율이 낮다고 생각해요.

①

②

③

④

⑤

2) 그리고 저는 이런 이유들 때문에 결혼하면 아이를 낳고/낳지 않고 싶어요.

①

②

③

④

⑤

통계청에 따르면 2023년 한국의 '합계 출산율'은 0.72명으로 OECD 주요국 중 38위로 가장 낮았다. 합계 출산율이란 여성 한 명이 임신 가능한 기간(15~49세) 동안 낳을 것으로 기대되는 아이의 수를 말한다. 참고로 OECD 평균은 1.58명이다(주요 국가 순위로 1위 이스라엘은 3.00명, 5위 프랑스는 1.80명, 10위 호주는 1.70명, 12위 미국은 1.66명, 20위 독일은 1.58명, 35위 일본은 1.30명, 37위 스페인은 1.19명임). 이런 상태가 지속되면 한국은 2028년부터는 '인구 감소국'이 될 것으로 예상된다.

적은 임금, 늦은 결혼과 출산, 높은 **주거** 비용, 결혼에 대한 인식 변화, 노인 인구 증가 등의 요인이 **저출산**에 영향을 미치고 있다. 저출산과 함께 인구 **고령화** 역시 **유례없이** 빠르게 진행되고 있다. 한국의 고령화 비율(전체 인구에서 65세 이상의 노인 인구 비율)은 19.33%(2024년 4월 기준)로, '고령 사회'의 기준인 14%를 넘어 '초고령 사회(노인 인구 비율이 전체 인구의 20%)'를 앞두고 있다.

한편 법무부에 따르면 국내에 장기간(3개월 이상) **체류** 중인 외국인이 200만 명을 넘었다고 한다. 한국 전체 인구가 5,128만 명 정도(2024년 4월 기준)이므로 전체 인구의 약 4% 정도가 외국인인 셈이다. UN에서는 외국인이 인구의 4%를 넘으면 '**다문화** 사회'로 보므로 한국도 다문화 사회로 접어들었다고 할 수 있다. 2040년에는 외국인 수가 323만 명(6.4%)에 **달할** 것이라고 한다.

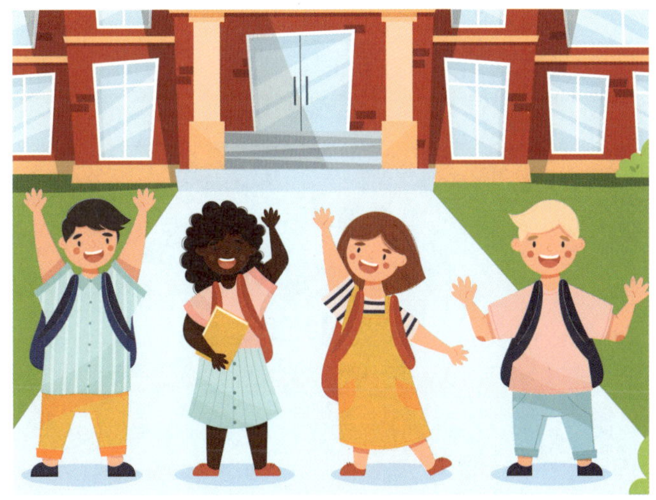

저출산, 고령화 등의 영향으로 한국 사회는 2000년대 이후 노동력 부족에 **시달려** 왔다. 중소기업과 '3D **업종**(Difficult, Dangerous, Dirty의 D로 시작하는 세 가지 영어 단어에 해당되는 어렵고 위험하고 더럽게 여겨지는 종류의 일을 뜻함)'은 일할 사람을 구하지 못해 일을 멈춰야 할 정도이다. 이러한 노동력 부족 문제를 해결하기 위해 1993년부터 '외국인 산업 기술 연수생 제도'(2007년 '**고용 허가제**'로 변경)를 통한 **인력** 수입이 시작되었다. 이 제도에 의한 외국인 취업자 수가 100만 명을 넘을 정도로 지난 30년 동안 인력 부족을 해소하는 데 도움이 되었다.

반면 외국인 노동자가 증가하면서 한국인 **고용주**의 지나친 요구와 **폭언**, **폭행**, 임금 체불 등이 사회적으로 문제가 되고 있다. 의사소통의 문제로 억울한 일을 당해도 그냥 참을 수밖에 없고, 도망치다가 불법 체류자가 되는 경우도 있다. 2019년에 신고된 임금 체불액만 약 1,500억 원이다. 산업 재해로 숨지는 사람도 연간 100명을 넘는다고 한다.

최근엔 이와 반대되는 문제도 증가하고 있다. 외국인 노동자들이 작업을 거부하거나 결근을 하고 마음대로 회사를 옮기는 경우도 있다. 이들을 붙잡기 위해 오히려 계약서에 없는 요구까지 들어주며 고생을 하는 고용주도 늘고 있다고 한다. 이민자 고용 조사 결과에 따르면, 외국인 근로자 중 첫 직장에서 1년이 안 돼 이탈하는 비율이 42%를 넘을 정도이다. 고용주에게도 외국인 노동자에게도 결코 바람직하지 않은 상황이다.

어느덧 한국은 세계 10위의 무역 국가로 성장하였다. 국제 사회에서는 공식적으로 선진국으로 인정을 받게 되었다. 교통과 통신의 발달로 국가 간의 거리는 더욱 가까워졌다. 취업뿐만 아니라 유학, 결혼, 사업 등의 목적으로 많은 외국인이 한국을 방문하고 있다. 국내 다문화 가정의 19세 이하 자녀 수도 26만 명(2019년 기준)을 넘었다. 그들을 똑같은 친구와 동료, 가까운 이웃으로 생각해야 한다. 어느 누구도 차별을 받아서는 안 된다.

함께하는 삶,

더 이상 선택이 아니다.

현실이다!

❗✔❓ QUIZ

※ 글의 내용으로 맞으면 O, 틀리면 X 하십시오.

1) 저출산, 고령화로 인해 2024년 한국은 결국 초고령 사회가 되었다. ☐

2) 한국은 2040년쯤 다문화 사회가 될 것으로 예상된다. ☐

3) 한국에서는 노동력 부족 문제를 해결하기 위해 1993년부터 '고용 허가제'를 실시하고 있다. ☐

4) 외국인 노동자 등 한국에 체류하는 외국인이 많아지면서 외국인의 한국 생활 여건이 크게 좋아졌다. ☐

※ 빈칸에 알맞은 말을 쓰십시오.

5) '저__________' 문제를 해결하기 위해서는 자유로운 '__________ 휴가' 사용 환경 조성, '__________ 지원금' 지급 등 다양한 '__________ 장려' 방안들이 필요하다.

6) '초__________' 사회를 앞두고 있는 한국의 '__________화' 속도는 세계 어느 나라보다 빠르다. 최근에는 '__________ 운전자'의 자동차 사고가 계속되면서 인구 '__________화'와 관련된 문제에 대한 사회적 관심도 커지고 있다.

7) __________은 직업이나 영업의 종류를 나타내는 말이다, AI와 온라인 산업이 발달하면서 미국의 엔비디아(NVIDIA) 같은 'IT __________'과 '반도체 __________', 아마존, 알리바바, 쿠팡 같은 '온라인 판매 __________'이 큰 성장을 하고 있다.

8) '__________'는 돈을 주고 일을 시키는 사장, 대표 같은 사람을 말한다. 반대로 돈을 받고 일을 하는 근로자는 '피__________'라고 한다.

활동 1 여러분의 나라에는 어떤 나라에서 온 외국인이 많습니까? 그 외국인들이 온 이유는 무엇입니까? 또 여러분 나라 국민과 외국인 사이에 특별한 문제 같은 게 있습니까? 있다면 무엇입니까?

①

②

③

활동 2 외국인이 한국에 살면서 겪는 불편한 문제에는 어떤 것들이 있을까요? 여러분은 어떻습니까?

①

②

③

1) 여러분은 한국에 종교가 있는 사람과 없는 사람 중 어떤 사람들이 더 많다고 생각합니까? 왜 그렇게 생각합니까?

2) 한국 사람들이 가장 많이 믿는 종교는 무엇이라고 생각합니까? 왜 그렇게 생각합니까?

선생님, 저는 한국에 이 종교를 믿는 사람이 많은 것 같아요. 왜냐하면 (   )거든요.

①

②

③

④

⑤

3) 한국 사람들 중에는 태어난 생년월일과 시간에 따라 어느 정도 운이 정해져 있다고 생각하고 이것(사주팔자)을 알아보려는 사람들이 많습니다. 그래서 새해가 되면 한 해의 운을 알고 싶어 '토정비결' 같은 것을 보곤 합니다. 주변에서 '타로, 사주 카페' 같은 곳도 어렵지 않게 볼 수 있습니다. 여러분도 이러한 것에 대해 들어보거나 경험해 본 적이 있습니까? 어떤 것입니까?

선생님, 저는 이런 경험이 있어요.

①

②

③

④

⑤

‘한국 갤럽(Gallup) 조사 연구소’(대한민국의 대표적인 **여론** 조사 기관)에서는 전국(제주도 제외) 19세 이상 성인 1,550명을 대상으로 ‘종교 현황’에 대한 설문 조사를 실시(2021년 3~4월)했다. 그 결과 현재 믿고 있는 종교가 있다고 답한 사람(종교인)이 40%, 없다고 답한 사람(비종교인)이 60%였다. 종교가 있다고 답한 사람들의 비율은 연령이 올라갈수록 높았다. 조사 결과를 요약하면 다음과 같다.

1. 한국 성인 중 종교인의 비율은 2004년 54%에서 2014년 50%, 2021년 40%로 계속해서 감소하고 있다.

2. 특히 20·30 세대의 **탈종교** 현상이 빨라지고 있다.

3. 종교인들의 종교 활동 횟수도 점점 줄어들고 있다.

4. 종교 **분포**는 **개신교**(17%), **불교**(16%), **천주교**(6%) 순이다.

* 한국 기독교 전문 조사 기관에 따르면(2023년 한국 종교 분포 및 현황 보고서) 젊은 사람들 중 종교인 비율은 20대 16%, 30대 19%에 **불과하여** 2017년의 절반 정도로 감소하였다고 한다. 또한 한국 전체 개신교인 4명 중 1명은 교회에 다니지 않으며 온라인 **예배** 등 개인적인 종교 활동을 선호하는 것으로 나타났다.

한편 종교가 없다고 답한 60%의 사람들은 물론이고 종교인들 중에도 **주역 점**이나 **타로점** 같은 점술을 믿는 경우가 많았다. 특히 10~30대는 90%가 **토정비결**이나 **사주 풀이** 등의 **운세를 본** 경험이 있는 것으로 조사됐다. 인터넷과 스마트폰으로 이루어지는 온라인 서비스가 대중화된 영향이다. 점술을 가르치는 학원도 점점 늘고 있다. 점술인·**역술인**의 수는 약 50만 명, 점술 시장의 규모는 4조 원에 달한다고 한다.

시장 규모로 볼 때 점술도 하나의 산업으로 성장한 것으로 보인다. 신문에서 **심심풀이**로 보는 무료 운세부터 진학과 취업, 결혼과 투자 상담에 이르기까지 점술은 아주 다양한 주제를 다루면서 한국인의 생활 깊숙이 들어와 있다. 점을 보는 사람에 대한 인식도 개선되고 있다. 예전에는 **점쟁이**로 무시하는 경우가 많았는데 이제는 개인의 선택과 판단을 돕는 조언가이자, 정신적 안정을 제공하는 심리 상담사로 **위상**이 높아졌다.

직업 포털 사이트(portal site) ‘알바 천국’의 조사(2018년)에 따르면, 10대와 20대의 경우 연애운에, 30대는 **재물운**에 관심이 많았다. 선호하는 점술 종류로는 사주 풀이(35.2%)와 타로점(24.7%)이 각각 1, 2위를 차지했으며, **점성술**(14.1%), **손금**(2.8%), **관상**(2.2%) 등의 순으로 나타났다. 연령별로 보면 20대와 30대는 사주풀이, 10대는 타로점(31.5%)에 대한 선호도가 높았다.

한국인뿐만이 아니다. 외국인 학생들 중에도 사주 풀이나 타로점을 보는 학생들이 있다. 얼마 전 3주 프로그램으로 한국어를 배우러 왔던 싱가폴 학생의 이야기가 참 재미있었다. 어린 학생이라 역시 연애와 결혼에 관심이 많았나 보다. 사주를 봤는데 자신은 9번째 만나는 남자와 결혼을 하게 될 운이라고 했다는 것이다. 아직 연애도 못 해 봤는데 그 많은 남자들을 언제 다 만나고 결혼을 하냐는 것이었다. 사주 결과처럼 정말 9번째 사귄 남자와 결혼을 하게 되는 것은 아니겠지만 한국에서 경험한 특별한 추억 중 하나는 될 수 있을 것이다. 앞으로 자신이 어떤 사람과 결혼할지, 돈은 얼마나 벌고 어떤 일을 해야 성공할 수 있을지 참 궁금하고 알고 싶은 일이기는 하다.

이처럼 옛날부터 동서양 모든 인류는 미래에 대한 불안과 두려움을 해소하고 앞날을 준비하기 위해 점술을 이용해 왔다. 특히 한국에서는 무속 신앙이라는 것이 발달했는데 최근에는 유튜브 등을 이용해 대중에게 더 가까이 다가가고 있다. 사회가 복잡해지고 경제가 장기간 침체하면서 점술은 앞으로도 계속 인기를 끌 것으로 보인다. 따라서 이를 이상한 것으로 생각하기보다는 한국인을 이해하는 데 도움을 주는 독특한 문화 중 하나로 생각해도 좋을 것 같다.

QUIZ

※ 글의 내용으로 맞으면 O, 틀리면 X 하십시오.

1) 2004년 이후 종교인의 수는 감소 중이지만 교회에 예배를 다니는 사람은 증가하고 있다. 　　　

2) 종교인들은 종교적인 이유 때문에 점술을 보지 않는다. 　　　

3) 한국에서는 예전부터 점을 보는 사람인 점술인에 대한 긍정적인 인식이 강했다. 　　　

4) 점술을 통해 미래를 알아보려고 하는 것은 한국에서 발생한 독특한 현상이다. 　　　

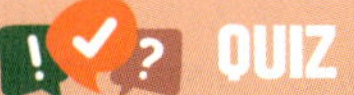

※ 빈칸에 알맞은 말을 쓰십시오.

5) '____________종교 현상'은 사람들이 점점 종교를 안 믿고 종교에서 벗어나 떠나는 것, 즉 '____________종교화'를 뜻한다. 참고로 회원으로 가입했다가 밖으로 나오는 것은 '____________퇴', 머리카락이 빠지는 것은 '____________모', 벗어나고 싶은 상황이나 장소에서 밖으로 나오는 것은 '____________출'이다. 또 최근 좋아하는 아이돌 스타의 '덕질'에 빠진 젊은 사람들, 즉 '덕후'들이 많은데 덕질을 하다가 그만두는 것을 '____________덕'이라고 한다.

6) '____________팔자'는 태어난 '연도, 월, 일, 시간', 즉 '생년', '생월', '생일', '생시'에 따라 정해져 있는 여덟 개의 글자를 말한다. 이것으로 점을 보는 것은 '생년월일시'에 따라 하늘과 땅의 기운(에너지)이 달라 사람마다 가지고 태어난 '운'도 다르다고 생각하기 때문이다. 그러므로 '____________ 풀이'는 그 사람의 '____________팔자'에 따른 '운'을 알아보고 어떻게 살아가는 게 좋은지를 풀이, 설명해 주는 것이다.

7) '____________운'이 좋은 사람은 '돈복', '재물 복'이 좋다고 한다. 한국에서는 '____________ 복'을 높이기 위해 집안과 사업장에 돼지 그림을 걸거나 돈을 상징하는 물건을 두는 경우도 많다.

8) ____________은 얼굴을 보고 그 사람의 성격이나 수명, 성공 등의 운을 알아보는 것이다. 2013년에 상영된 '____________'이라는 영화는 913만 명이 관람할 정도로 인기를 끌었다. 영화의 인기와 함께 "내가 왕이 될 상인가?"라는 '이정재'의 영화 속 대사도 크게 유행했다. 예전에는 일부 기업에서 신입 사원 면접을 볼 때 면접관 옆에 '____________가'가 함께 있기도 했다고 한다.

9) '____________ 신앙'은 '무당'이라고 불리는 '____________인'이 각자의 신을 모시면서 사람들의 운을 알아보고 '굿'이라는 것을 통해 문제를 해결해 주기도 하는 종교 또는 미신이다.

 여러분 나라에는 종교가 있는 사람이 많습니까? 그 사람들이 믿는 종교는 무엇입니까?

①

②

③

 미래에 대해 알아보고 싶을 때 한국 사람들이 토정비결이나 사주 풀이 같은 점을 보는 것처럼 여러분 나라에서도 비슷하게 하는 일이 있습니까? 있다면 무엇입니까?

①

②

③

제3장

한국의 음악·영상 예술: 케이팝, K-무비

1. 아름다움의 원천, 예술
2. 인류의 공통 언어, 음악
3. 삶의 즐거움, 영상 예술

🎯 학습 목표

1 예술의 의미, 세계인의 사랑을 받은 대중 예술에 관한 글을 읽고 이해할 수 있다.

2 생일 축하 노래 등 전 세계인의 사랑을 받는 음악에 관한 글을 통해 음악 예술이 주는 즐거움에 대해 이해할 수 있다.

3 사람들이 영상 예술을 즐기는 방식과 세대별 차이에 관한 글을 읽고 그 구체적인 내용을 이해할 수 있다.

1. 여러분은 '예술' 하면 가장 먼저 떠오르는 것이 무엇입니까? 왜 그것이 떠오릅니까?

선생님, 저는 예술이라고 하면 이런 것들이 생각나요.

①

②

③

④

⑤

2. 여러분이 좋아하는 한국의 예술 분야는 무엇이고 그 분야의 스타는 누구입니까? 언제부터 그것을 즐겼고 하루 일과 중 언제 어떤 방식으로 그것을 즐깁니까?

1) 선생님, 저는 이런 예술 분야와 스타들을 좋아해요.

①

②

③

④

⑤

2) 저는 이때부터 그것을 즐겼고 생활 속에서 이런 식으로 즐기고 있어요.

①

②

③

④

⑤

예술이란 무엇일까? 사전에는 '아름다움을 표현하고 창조하는 일에 목적을 두고 작품을 제작하는 모든 인간 활동과 그 산물을 이르는 말'이라고 정의되어 있다. 예술의 뜻을 사전으로 확인해 본 것은 처음이다. 예술이라 하면 보통 음악, 미술, 문학 등을 가리키는 말로 잘 알고 있는 것이었기에 굳이 사전을 찾아볼 필요가 없었다. 이 글을 쓰지 않았다면 아마 앞으로도 그랬을 것이다. 예술의 사전적 의미를 찾아본 소감은 "역시 예술은 예술이구나. 예술은 그 뜻도 참으로 예술적이구나!" 하는 것이다. '아름다움을 표현하고 창조하는 일'이라니 얼마나 멋진 말인가? 그렇다! 예술이란 세상에 아름다움을 더하는 일인 것이다. 그리고 그런 예술 덕분에 세상은 보다 즐겁고 아름다운 곳이 된다.

귓가에 들려오는 아름다운 한 곡의 음악, 때로는 진한 감동으로, 때로는 스트레스를 날려 버리는 멋진 액션과 유쾌함으로 에너지와 활력을 주는 영화와 드라마. 우리를 아름다움의 세계로 데려다주는 대표적인 예술 장르이다. 사람이든 경치든, 음악이든 영상이든 우리는 아름다운 것에 끌린다. 아름다움의 뜻도 그러하다. '보이는 대상이나 소리 따위가 균형과 조화를 이루어 눈과 귀에 즐거움과 만족을 주는 것'이 아름다움의 정의이다. 그렇다. 음악과 영화 같은 예술은 아름다움을 창조하는 일이고 우리는 그것을 감상하며 즐거움을 얻는다.

얼마 전 외국인 학생들에게 매일 반복해서 습관적으로 하는 일이 있는지 물어본 적이 있다. 유학 중 생활비를 아끼기 위해 가계부를 작성한다는 학생부터 아직 코로나 감염이 걱정되어 숙소에 돌아가면 항상 손을 씻고 스마트폰을 소독한다는 학생, 아침에 일어나면 잠을 깨기 위해 크게 소리를 지른다는 학생까지 재미있는 여러 습관에 대해 들을 수 있었다.

특히 인상적이었던 것은 '아이유'를 좋아하는 한 학생의 대답이었다. 이 학생은 아침에 일어나면 가장 먼저 아이유의 노래, '좋은 날'을 아주 크게 틀어 놓는다고 한다. 그러면 정신이 번쩍 들고 노래를 들으면서 하루를 기분 좋게 시작할 수 있다는 것이다. 또 자신이 좋아하는 스타의 '포토 카드(스타 등의 사진을 5.5cm×8.5cm 명함 크기 정도의 카드로 만든 것. 음반에 한두 장 들어 있는 경우도 있고 멤버의 수만큼 있는 경우도 있음)'를 가지고 다니며 자주 본다는 학생, 여기저기 다니며 포토 카드와 함께 사진을 찍는다는 학생도 있었다. 구하기 어려운 카드의 경우는 수십, 수백만 원을 넘는 경우도 있다고 한다.

※ 글의 내용으로 맞으면 O, 틀리면 X 하십시오.

1) 예술의 정의를 보면 예술은 세상을 아름답게 하는 일과 관련된 것이라고 할 수 있다.

2) 사람들이 음악, 영화, 드라마와 같은 예술을 즐기는 이유는 그것이 아름다움을 느끼게 해 즐거움을 주기 때문이다.

3) 팬들 중에는 돈을 벌기 위해 스타의 포토 카드를 모으는 경우도 있다.

※ 빈칸에 알맞은 말을 쓰십시오.

4) 우리가 사용할 수 있도록 생산되는 물건을 '생__________', 그 과정에서 함께 만들어지는 물건을 '부__________'이라고 한다. 또 경주빵이나 충청도 금산의 인삼처럼 어떤 지역에서 주로 생산되는 물건은 '특__________', 또는 '특산품'이라고 부른다.

5) '__________부'는 한 가정의 수입과 지출을 정리해 놓은 것이다. 보통 경제가 어려워지면 '__________ 소득'이 줄고, 물가가 오르면 '__________ 부담'이 커진다.

활동 여러분은 매일 습관적으로 반복하는 일이 있습니까? 어떤 일입니까? 그 일을 계속하는 이유는 무엇입니까?

①

②

③

▌대중의 즐거움, 대중 예술

90년대 후반을 시작으로 2000년대에 들어서면서부터 한국의 대중 예술이 한류라는 이름으로 전 세계인의 사랑을 받고 있다. 한류 이전에도 전 세계 수많은 스타와 작품들이 즐거움과 감동을 주었다. 80~90년대는 홍콩 영화 예술의 시대였다. '주윤발', '장국영', '왕조현', '임청하' 등의 스타와 그들이 출연했던 '영웅본색(1986)', '첩혈쌍웅(1989)', '천녀유혼(1987)', '아비정전(1990)', '동방불패(1992)' 등의 영화가 최고의 인기를 누리며 홍콩 영화를 세계에 알렸다. 긴 코트를 입고 두 손으로 총을 쏘아 대던 영화 속 주인공들의 멋진 모습이 아직도 기억에 생생하다. 영화의 인기와 함께 '당년정'(영웅본색의 주제 음악) 등 영화 속 음악들도 큰 사랑을 받았다.

홍콩의 영화 예술과 함께 일본의 애니메이션도 오래전부터 세계인의 사랑을 받고 있다. 일본 애니메이션을 줄여 흔히 '재패니메이션'(Japanimation)이라고 하는데 일본(Japan)과 애니메이션(animation)을 합성하여 만든 말이다. 이 말은 일본의 애니메이션이 '하와이'를 비롯한 미국의 서해안 지역에 소개되면서 생겨났다고 한다. 일본 최초의 TV 애니메이션으로 알려진 '우주 소년 아톰(1963)'을 시작으로 '마징가 Z(1972)', '은하 철도 999(1978)' 등이 큰 인기를 끌면서 전 세계로 퍼졌고, 이후 외국에서 일본 애니메이션을 부르는 말이 된 것이다. 이 외에도 '미래 소년 코난(1978)', '알프스 소녀 하이디(1980)', '이웃집 토토로(1988)', '공각 기동대(1995)', '센과 치히로의 행방불명(2001)', '하울의 움직이는 성(2004)'을 비롯하여 2023년에 나와 흥행에 성공한 '스즈메의 문단속', '더 퍼스트 슬램덩크'까지 수많은 작품이 세계인의 사랑을 받고 있다.

지금과 달리 과거에는 TV가 영상 예술을 접하는 거의 유일한 수단이었다. TV에서 방영되는 시간을 놓치면 다시 그 프로그램을 보기가 어려웠다. 어린 시절 저자도 즐겨 보는 만화의 방송 시간을 확인해 두고 그 시간이 되면 텔레비전 앞으로 달려가곤 했던 기억이 난다.

여러분은 어떤가? 지치고 힘들고 외로울 때, 고민스럽고 걱정되는 일들이 있을 때 여러분에게 위로가 되었던 작품은 무엇인가? 그래서 새로운 내일을 살아갈 힘이 되어 주었던 것들을 떠올려 보자. 또 어제가 오늘 같고 오늘 같은 내일이 이어지는 지루한 일상을 즐거움과 설렘 가득한 세상으로 만들어 주었던 것들도 생각해 보자. 우리를 살아가게도 하고 환호하게도 하는 것, 그것이 예술이 존재하는 이유이자 가치일 것이다. 우리는 예술에 환호하고 그만큼 세상은 즐거운 곳이 된다.

※ 글의 내용으로 맞으면 O, 틀리면 X 하십시오.

1) 한국의 대중 예술은 80~90년대부터 세계적으로 사랑을 받고 왔다. ⬜

2) 일본에서는 자기 나라의 애니메이션을 전 세계에 홍보하기 위해
'재패니메이션'이라는 용어를 만들었다. ⬜

3) 과거부터 대중은 다양한 수단과 방법을 통해 영상 예술을 접해 왔다. ⬜

※ 빈칸에 알맞은 말을 쓰십시오.

4) ___________은 문화 · 스포츠 분야에서 어떤 작품이나 경기가 큰 인기를 끄는
것을 말한다. 영화 '서울의 봄'은 관객 1,069만 명을 넘어 2023년 최고의
'___________작'이 되었다. 또 2024년에 개봉한 '범죄도시 4'도 1,150만
명의 관객을 끌며 '___________ 몰이'를 이어갔다.

5) 2023년 한국 프로야구에서는 'LG 트윈스' 야구단이 한국 시리즈 전적 4승
1패로 29년 만에 우승을 차지했다. LG 팬들은 이에 ___________하며
'___________성'을 질렀다.

활동 1 홍콩 영화나 일본 애니메이션처럼 여러분 나라에서 큰 인기를 끌었던 대중 예술은
무엇입니까?

①

②

③

활동 2 여러분 나라에서 요즘 가장 인기를 끌고 있는 스타는 누구입니까? 그 스타가 하는
일은 무엇이고 인기를 끄는 이유는 무엇입니까?

①

②

③

2 인류의 공통 언어, 음악

※ 여러분은 어떤 가수, 어떤 종류의 음악을 좋아합니까? 지금까지 가장 많이 들은 노래, 또 가장 자주 부른 노래를 몇 가지씩 생각해 봅시다.

    1) 선생님, 저는 이 가수와 이런 종류의 음악을 좋아해요.

        ①

        ②

        ③

        ④

        ⑤

    2) 그리고 가장 많이 들은 건 이 노래이고 자주 부르는 노래는 이거예요. 이런 점이 좋거든요.

        ①

        ②

        ③

        ④

        ⑤

남녀노소, 동서고금, 인종, 국적과 관계없이 음악이 인류 최고의 예술 장르로 사랑을 받아 온 이유는 무엇일까? 도대체 음악이 어떠한 힘을 가지고 있기에 음악을 떠나서는 살 수조차 없도록 만드는 것일까?

'음악은 삶 그 자체이다.'

짧지만 모든 것이 들어 있는 말이다. 음악은 삶의 시작부터 끝까지 늘 우리와 함께한다. 세상에 태어나기도 전, 엄마의 뱃속에서부터 우리는 음악을 접한다. 두뇌 발달 등

태아에게 좋은 영향을 주기 위해 엄마가 선사하는 첫 번째 선물이 바로 태교 음악인 것이다. 그리고 살아가는 동안 무엇인가를 축하하고 기념하는 자리에서 음악은 늘 우리와 함께한다.

생일 축하 노래

외국 곡

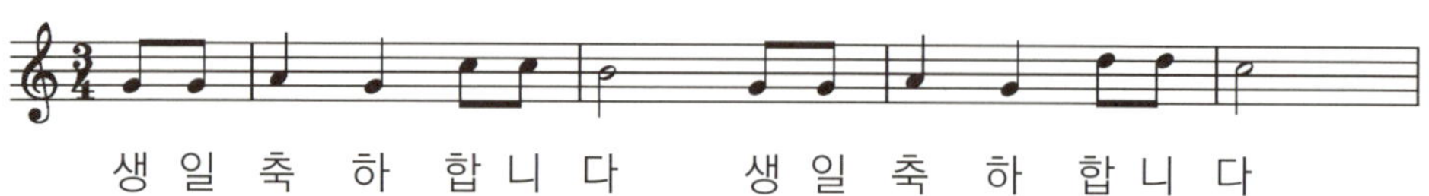

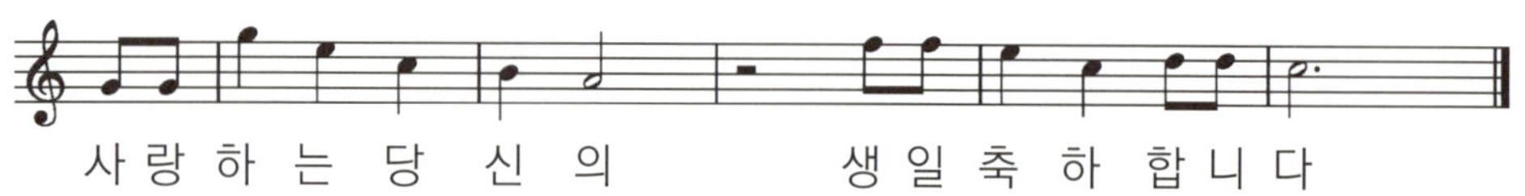

특히 '생일 축하 노래'(Happy Birthday to You)가 그렇다. 전 세계 많은 사람들이 일 년에도 몇 번씩 누군가의 생일을 축하하기 위해 함께 부르는 가장 익숙한 음악이다. 영어 노래를 그대로 따라 하는 경우가 많지만 자기 나라의 말로 번역해서 부르는 나라도 있다. 한국을 비롯하여 일본, 중국 등 18개 정도의 나라에서는 가사를 바꿔서 부른다고 한다.

"생일 축하합니다. 생일 축하합니다.

사랑하는 ○○의 생일 축하합니다."

한국어로 번역된 가사이다. '사랑하는 ○○' 부분을 '사랑하는 우리 ○○'으로 바꿔서 부를 때도 많다. 이 경우 '나'가 아닌 '우리', 즉 '함께임'을 강조하는 한국 고유의 정서까지 표현할 수 있어 더욱 한국적인 노래가 된다. 생일 축하 노래는 그야말로 인류 공용의 음악, 인류 공통의 언어라고 할 수 있다. 국적과 언어가 달라도 이 노래를 부르는 순간 음악을 통해 하나가 될 수 있기 때문이다.

이 노래가 처음부터 생일 축하 노래는 아니었다. 원래는 학교에 온 아이들을 맞이하며 아침 인사를 건네는 노래였다고 한다. 1893년 유치원 교사였던 '패티 힐'(Patty Hill, 미국의 교육자, 1868~1946)과 작곡가였던 동생 '밀드레드 힐'(Mildred Hill) 자매가 아침 인사로 만든 노래였다.

Good Morning to All

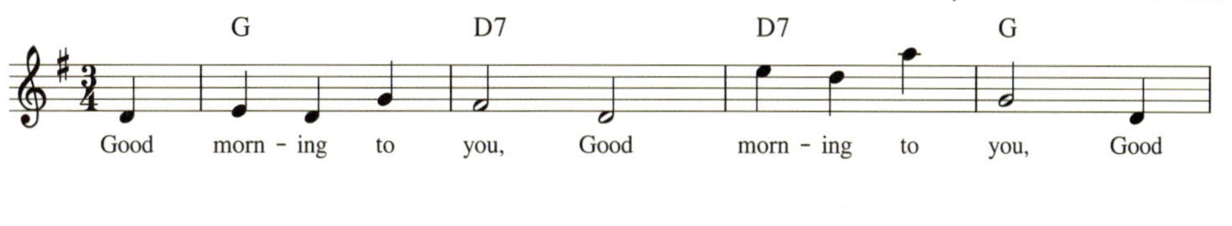

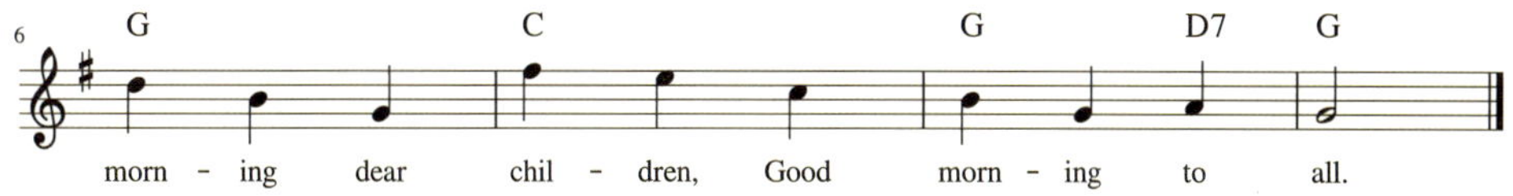

따라서 부르기 쉬운 간단한 멜로디였기에 아이들과 그 가족을 통해 노래가 유치원 밖으로도 퍼져 나가게 되었다. 그러다 멜로디에 'Happy birthday' 가사가 붙으면서 더 널리 불리게 되었고 우리가 알고 있는 생일 축하 노래로 바뀐 것이다. 모두가 축하의 마음을 담아 부르는 이 노래가 없다면 어떨까? 생일 축하 자리에 뭔가 2% 부족한 느낌이 들 것 같다.

QUIZ 1

※ 글의 내용으로 맞으면 O, 틀리면 X 하십시오.

1) 엄마들은 태아에게 좋은 영향을 주기 위해 태교 음악을 들려준다.

2) 한국에서는 한국 고유의 정서를 전하기 위해 생일 축하 노래를 한국어로 번역하여 부른다.

3) 생일 축하 노래는 '패티 힐'이라는 사람이 동생의 생일을 축하하기 위해 만든 것이다.

※ 빈칸에 알맞은 말을 쓰십시오.

4) __________는 엄마가 뱃속 아기, '태아'에게 좋은 영향을 주기 위해 몸과 마음을 바르게 하는 것이다. 그중 '음악 __________'는 오래전부터 이어져 온 전통적인 '__________법'이다. 그 외에도 태아를 위해 '__________ 책'을 읽거나 '__________ 여행'을 가는 경우도 있다. 2000년대에 들어오면서 '태아'에게 이름을 지어 주고 그렇게 지은 '태명'을 부르는 문화도 크게 유행하고 있다. '건강이', '쑥쑥이', '튼튼이', '사랑이', '별이', '꽃님이' 등과 같다. 저자의 경우 중학생이 된 둘째 아이는 아직도 가끔 '으뜸이'라는 '태명'으로 부르기도 한다.

5) ___________은 뭔가를 함께 쓰는 것, 또는 함께 쓰는 물건이라는 뜻이다. 아파트에서 복도, 계단, 놀이터, 주차장 등은 여러 사람이 함께 이용하는 '___________ 장소'이다. 또 남자와 여자가 함께 이용할 수 있는 것은 '남녀 ___________'이다.

활동 여러분 나라에서는 생일에 어떤 노래를 부릅니까? 또 생일에 하는 특별한 일은 무엇입니까?

①

②

③

언제, 어디서나, 음악과 함께라면 오케이…

'데시파시토(Despacito)'라는 노래를 아는가? 세상에는 이 노래를 아는 사람과 모르는 사람, 두 종류의 사람이 있다. 잘 알려진 어떤 것에 대해 이야기할 때 "세상은 ○○을 아는 사람과 모르는 사람으로 나뉜다."와 같은 표현이 사용되곤 한다. 개인적으로는 '데시파시토'가 이 표현에 가장 어울리는 노래일 듯하다. 2017년 1월 13일에 발매된 이 노래는 유튜브에 뮤직비디오가 업로드된 후 유례없이 빠른 속도로 조회 수가 급증하였다. 그리고 약 6개월 만에 28억 회를 돌파하며 1위를 차지했다. 2020년 11월 1일까지 2위 곡과 큰 차이를 보이며 1위를 지켰다. 저자 역시 이 기록에 상당한 기여(?)를 했을 것이다. 경쾌한 리듬이 흥겨워 요즘도 종종 듣곤 한다.

이 노래는 '푸에르토리코' 출신 가수 '루이스 폰시(Luis Fonsi)'와 '레케톤'(Reggatón, 스페인어로 부르는 레게 음악이 발전한 것으로 2004년 이후 라틴 음악의 주류가 됨) 음악의 제왕으로 불리는 '대디 양키(Daddy Yankee)'가 피처링(featuring, 다른 가수의 노래나 연주에 참여하여 일부분을 도와주는 일)한 곡이다. 제목 '데시파시토'는 '천천히, 조용히, 살짝' 정도의 의미를 가진 스페인어이며 상대를 유혹하는 내용의 노래라고 한다.

그러던 중 2020년 11월 2일, 유튜브 역사에 큰 사건이 하나 발생했다. 그간 조회 수 1위를 지켰던 '데시파시토'가 2위로 내려가고 '아기 상어 체조(Baby Shark Dance)'라는 영상이 새롭게 1위를 차지하게 되었다. 이 영상은 이후 유튜브 역사 최초로 100억 뷰(view)를 달성하며 기네스북(Guinness Book)에 **등재되었다.** 2024년 5월 기준 144억 6천만 뷰를 기록하여 유튜브 조회 수 1위를 지키고 있다.

이 노래는 원래 미국의 **구전** 동요였는데 '더핑크퐁컴퍼니'라는 한국 회사에서 유튜브에 이 동요의 영상을 올리면서 세계적으로 인기를 끌게 되었다. 한국어로 가사를 번역하고 여기에 어울리는 춤을 넣어 영상으로 제작한 것이다. 2015년 말에 업로드된 후 한국어는 물론 영어, 중국어, 일본어, 스페인어 등 25개 언어로 번역되어 제공되고 있다. 짧고 단순한 멜로디가 반복되어 따라 부르기 쉬운 노래이다. 쉬운 만큼 한 번만 들어도 **빠져들게** 되는 것이 인기의 요인인 듯하다.

여러분에게 음악은 무엇인가? 여러분의 일상에서 음악은 어떠한 의미를 갖는가? 하루 종일 전혀 음악을 듣지 않는 사람이 있는가 하면 거의 온종일 음악과 함께하는 사람도 있을 것이다. 아직 진로를 정하지 못한 학생들에게 진로에 관해 생각해 보도록 할 때 저자는 두 가지 질문을 하곤 한다. 하나는 가장 하고 싶거나 잘할 수 있는 일, 살면서 크게 칭찬을 받았던 경험이 뭐냐고 묻는 것이다. 보통 자신이 자주 하는 일을 잘하게 되고 그러한 일로 칭찬을 받는 경우가 많으므로 이를 통해 진로를 찾아볼 수 있다.

그런데 이렇게 좋아하는 일을 중심으로 생각하다 보면 너무 좋아하거나 잘하는 것이 많아 **선뜻** 한 가지를 고르기가 어려운 경우가 있다. 이럴 때는 반대의 질문을 한다. 안 하고는 살 수 없는 것, 그것 없이는 사는 의미가 없다고 생각되는 것이 무엇인지 물어보는 것이다. 그렇게 하면 반대로 자신에게 가장 필요한 것, 자신이 가장 원하는 것을 더 잘 알아낼 수 있다. 음악이 그런 것 같다. 인생의 즐거움 중에 없어서는 안 될 가장 중요한 것 하나를 고르라면 저자는 '음악'을 꼽을 것이다. 여러분은 어떤가?

이제 곧 연말이다. 크리스마스 **즈음**에 들으면 좋을 음악 한 곡 추천하면서 글을 마칠까 한다.

Christmas Tree(방탄소년단 '뷔' 노래, '그해 우리는' O.S.T., Part.5)

※ 글의 내용으로 맞으면 O, 틀리면 X 하십시오.

1) 데시파시토는 세계에서 가장 빠른 속도로 조회 수가 증가한 곡으로 기네스북에 등재되었다.

2) '아기 상어 체조'는 한국의 한 회사에서 곡을 만들어 인기를 끌게 된 것이다.

3) 자신이 잘하는 일, 칭찬을 받았던 일에 대해 생각해 보는 것은 진로를 찾는 데 도움이 되는 방법 중 하나이다.

※ 빈칸에 알맞은 말을 쓰십시오.

4) 어떤 단체나 조직에서 더 많은 수, 즉 다수의 사람에 해당되는 것을 __________, 반대로 더 적은 수, 소수의 사람이 속한 쪽을 '비__________'라고 한다. 그래서 많은 사람들에 의해 받아들여지는 문화를 '__________ 문화', 일부 사람들만 즐기는 문화는 '비__________ 문화'라 한다.

5) 판타지 소설이 원작인 영화 '반지의 __________'(The Lord of The Rings)은 2001년에 개봉되어 전 세계적으로 인기를 끌었다. __________은 나라를 다스리는 큰 힘을 가진 존재인데, 한국은 대통령이 가지고 있는 권한이 아주 커 '__________적 대통령제' 국가라고 한다.

활동 1 한국의 트로트(trot, 성인 가요, 뽕작이라고 부르기도 함) 음악처럼 여러분 나라에서 과거부터 큰 인기를 끌고 있는 음악 장르가 있습니까? 있다면 무엇이고 어떤 사람들에게 인기가 많습니까? 여러분도 좋아합니까?

①

②

③

활동 2 여러분 나라에서 대중적으로 가장 큰 인기를 끌고 있는 음악 스타는 누구입니까? 또 여러분이 가장 좋아하는 스타는 누구입니까? 이야기해 봅시다.

①

②

③

※ 여러분은 쉬는 시간이나 일과가 끝난 후, 휴일 등 여가 시간에 주로 무엇을 합니까?

1) 선생님, 저는 쉬는 시간에 주로 이것을 해요.

①

②

③

④

⑤

2) 하루 일과가 끝난 후, 휴일 같은 여가 시간에는 주로 이런 일들을 하고요.

①

②

③

④

⑤

여러분은 지난 한 달, 그리고 지난 한 주 어떤 일들을 하면서 살았는가? 성인이라면 **생계**를 위한 직업에, 학생이라면 공부하는 데 가장 많은 시간을 보내며 지냈을 것이다. 우리가 직업으로 하고 있는 일이나 공부는 인생에서 가장 많은 시간을 투자해야 하는 일이다. 그만큼 일이나 공부는 우리 인생에서 중요하다. 어차피 해야 할 일, 조금이라도 즐거운 마음으로 할 수 있다면 좋을텐데 어떻게 해야 할까?

방법이 없는 것은 아니다. 해야 할 일의 중간중간에 좋아하는 일, 하고 싶은 일을 끼워 넣으면 된다. 요즘은 잠시 시간이 있을 때 짧은 영상을 보는 사람이 많은 듯하다. 특히 외국인 학생의 경우 좋아하는 스타의 인터뷰 영상이나 뮤직비디오, 인스타 릴스, 유튜브 쇼츠나 틱톡(tiktok) 등의 짧은 영상을 자주 보는 것 같다. 즐거움을 주는 영상으로 잠시 **머리도 식히고** 일과 공부를 이어갈 힘도 얻을 수 있으니 **일석이조**이다.

일과 시간이 끝나면 어떤가? 이제 해야 하는 일에서 벗어나 드디어 하고 싶은 일을 할 수 있는 시간이다. 예전에는 일과 후에 친구, 동료, 가족 등을 만나 이야기를 하거나 취미 활동 등을 같이 하면서 시간을 보내는 경우가 많았다. 혼자가 아니라 가까운 사람들과의 관계 속에서 즐거움을 찾았다. 그러나 요즘은 굳이 사람을 찾지 않는다. 사람이 아니어도 즐거움을 주는 것들이 많기 때문이다.

영상이 대표적이다. 일과 중에는 시간 문제로 짧은 영상을 보는 데 그쳤다면 이제 좀 더 긴 영상도 즐길 수 있다. 실제로 통계청에서 발표한 19세 이상 성인의 여가 활동 조사(2023년 조사 결과)에 따르면 중 '동영상 콘텐츠(contents) 시청'이 가장 높은 비중(주중 85.9%, 주말 76.2%)을 차지하고 있는 것으로 나타났다. 그다음은 휴식, 컴퓨터 게임, 인터넷 검색 등의 순이었다.

통계 결과에서 알 수 있듯 '영상 시청'은 19세 이상 모든 성인이 가장 선호하는 여가 활동이다. 특히 소위 '영상(비디오) 세대'로 불리는 'Z세대(1990년대 중반부터 2000년대 초반에 출생한 세대)'에게 '영상'은 삶 그 자체이다. 이들은 태어나자마자 스마트폰과 컴퓨터 등을 통해 영상을 접한 세대이기에 디지털 기기의 이용이 숨 쉬듯 자연스럽다. 영상을 이용하는 방식도 좀 다르다. 기존 세대와 달리 무언가 알아볼 게 생겼을 때 '네이버'나 '다음(Daum)', '구글'이 아니라 유튜브를 이용한다. 또 책상에 앉아 책으로 공부하기보다는 유튜브와 같은 영상 **플랫폼**을 통해 새로운 세상을 접하고, 보면서 배운다. 완전히 새로운 유형의 인류, **신인류**가 탄생한 것이다.

실제로 일본인 한국어 학습자 중에는 중급 정도 수준까지 한국어를 책이 아니라 유튜브 영상을 통해 혼자 익혔다는 학생이 꽤 된다. 영상 아래 자막을 보면서 말뜻을 추측하면 어느 정도 내용을 이해할 수 있고 그렇게 계속하다 보면 한국어 실력이 좋아진다는 것이다. 언어적으로 비슷해서 가능한 일이기도 하지만 참 놀라운 일이다.

'나스 미디어'(한국의 디지털 마케팅 회사)에 따르면 Z세대는 스마트폰, 태블릿 컴퓨터 등 모바일(mobile)을 통해 하루에 약 1시간 20분 정도 '동영상'을 시청한다고 한다. 39.6분의 X세대, 47.2분의 Y세대의 약 2배에 해당하는 시간이다. 영상 매체와의 접촉 시간은 이들을 다른 세대와 구분하는 가장 큰 특징 중 하나이다. 이들은 모바일을 통해 세상에 **접속하고** 영상을 통한 소통 방식을 즐긴다.

영상을 즐기는 방식도 다르다. 기존 세대가 주로 영상을 단순히 감상하기만 했다면 이들은 유튜브나 틱톡 등을 통해 영상을 직접 만들어 올리는 경우도 많다. 커버 댄스(cover dance, 아이돌 스타 등의 춤을 배운 후 따라 추는 춤)나 각종 '챌린지(challenge, 사람들이 관심을 가질 만한 과제를 정해서 그것을 수행하는 모습을 찍는 것)' 영상을 찍어 **공유하는** 식이다.

얼마 전 한국에서는 '쥬비 슬라이드(jubi slide)'라는 영상이 인기를 끌었다. 두 발을 앞뒤로 **교차하면서** 바닥을 미끄러지듯 앞으로 나아가는 춤인데 마치 **공중 부양**을 하는 것처럼 발이 땅에 닿지 않는다. 아니 실제로는 발이 땅에 닿는데 안 닿는 것처럼 보인다. 해외에서 먼저 시작된 춤이 국내에서도 챌린지가 유행하며 '슬릭백(slickback)'이라는 이름으로 큰 인기를 모았다. 한 중학생이 틱톡에 올린 이 춤의 영상은 업로드 일주일 만에 조회 수 2억 회를 넘기며 전 세계적으로 화제가 되기도 했다.

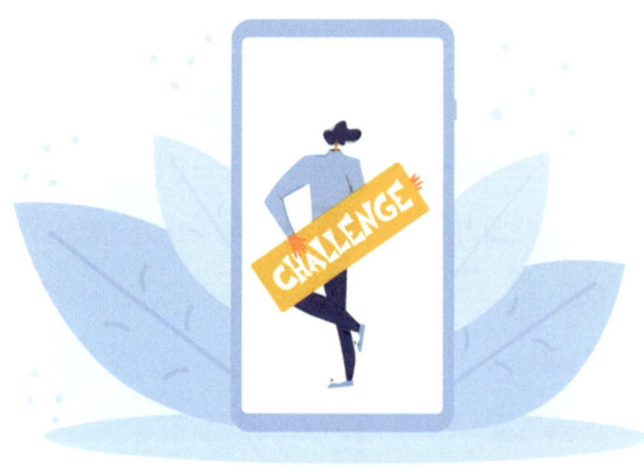

이 춤이 유행하면서 초등학생부터 중고등학생, 성인에 이르기까지, 또 일반인은 물론 세계적인 스타들 사이에서도 챌린지 열풍이 이어졌다. TV 방송(더 시즌즈, 23.11.03., 악동뮤지션과 태민의 슬릭백 챌린지, KBS2)은 물론 유튜브 쇼츠 등에서 JYP 박진영 대표 등 많은 스타들의 도전이 이어졌다. 이 외에 한국 사람이라면 몇 년 전 유행했던 '아무 노래 챌린지'라는 것도 아마 기억이 날 것이다. '아무 노래 챌린지'는 '지코(ZICO)'가 신곡 '아무 노래'를 부르며 추었던 춤을 따라 하는 것이다. 동작이 간단하고 재미있어 따라 하기도 쉽고 보는 것만으로도 기분이 좋아지는 흥겨운 춤이다.

조만간 이런 말이 생길지도 모르겠다.

"영상은 보는 게 아니라 하는 거야!"

✔? QUIZ

※ **글의 내용으로 맞으면 O, 틀리면 X 하십시오.**

1) 일과 시간 중에 영상을 보는 것은 바람직한 일이 아니다. ☐

2) 최근 조사 결과에 따르면 성인들이 주로 즐기는 여가 활동은 친구, 가족 등을
   만나 함께 취미 활동을 하는 것이다. ☐

3) Z세대는 검색할 것이 있을 때 구글을 가장 많이 이용한다. ☐

4) X세대나 Y세대의 경우 영상 접촉 시간은 짧지만 각종 챌린지 등을 하며 영상을
   찍고 공유하는 일에 적극적이다. ☐

5) 청소년뿐만 아니라 성인들 중에도 챌린지에 도전하는 사람들이 있다. ☐

※ **빈칸에 알맞은 말을 쓰십시오.**

6) ___________는 '돌 한 개를 던져 새 두 마리를 잡는다'는 말로 한 가지 일을
   통해 두 가지 이상의 이익을 얻는다는 뜻이다. 얻는 이익의 종류가 많을 때
   '일석삼조', '일석사조'와 같이 사용하기도 한다. 비슷한 표현으로 '일거양득'이란
   표현도 있다. 조금 가볍고 속된 표현으로 '일타쌍피'라고도 한다.

7) ___________이란 물보다 가벼운 것을 물에 넣었을 때 물 위로 떠오르는
   것을 말한다. 주식 가격이 낮을 때는 이를 올리기 위해 '주가를 ___________
   '하고 경제가 안 좋을 때는 가라앉아 침체된 경제가 올라가 좋아지도록 '경기
   ___________'을 한다.

활동 '쥬비 슬라이드(jubi slide)'나 '아무 노래'처럼 ① 여러분 나라에서 크게 인기를
모았던 영상이나 챌린지 같은 게 있습니까? ② 여러분도 챌린지 같은 것을 해 본
적이 있습니까? 어떤 것이었습니까?

①

②

한국인의 스포츠

1. 골프와 사랑에 빠진 한국의 MZ 세대
2. 한국인의 혼이 담긴 스포츠, 양궁
3. e스포츠도 스포츠다

🎯 학습 목표

1 골프와 관련된 글을 읽고 골프에 대한 한국 사람들의 생각이 어떻게 변해 왔는지 이해할 수 있다.

2 양궁에 대한 글을 통해 한국에서 양궁이 갖는 역사적 의미, 양궁의 발전 과정, 한국 양궁이 좋은 성적을 거두는 비결과 앞으로의 과제에 대해 이해할 수 있다.

3 e스포츠에 관한 글을 읽고 e스포츠의 특징과 현황, 발전 가능성 등에 대해 이해할 수 있다.

골프와 사랑에 빠진 한국의 MZ 세대

※ 여러분이 예전에 자주 했거나 요즘 즐기는 스포츠가 있습니까? 어떤 스포츠이며 그것을 즐기는 이유는 무엇입니까? 그 운동을 하면 어떤 점이 좋습니까?

1) 선생님, 저는 예전에 이 운동을 자주 했어요.

①

②

③

④

⑤

2) 요즘은 이런 운동을 즐기고 있고요.

①

②

③

④

⑤

3) 운동을 하면 이런 게 참 좋은 것 같아요.

①

②

③

④

⑤

대한민국에서 골프에 대한 관심이 대중적으로 확산된 계기는 무엇일까? 아마도 1998년 'US 여자 오픈' 대회에서 박세리 선수가 일명 '맨발 **투혼**(물가에 떨어진 공을 치기 위해 신발을 모두 벗고 물속으로 들어가 골프공을 친 장면에 붙인 이름)'으로 우승했을 때일 것이다. 당시 한국은 IMF에 **구제 금융**을 신청하고 온 국민이 고통스럽게 경제 위기를 극복해 나가고 있었다.

그때만 해도 골프는 미국, 호주 등 **국토**가 넓은 선진국 중심의 스포츠였고 한국에서는 경제적으로 여유가 있는 사람들의 여가 활동 정도로 생각됐다. 그런 상황에 세계적인 골프 대회에서 한국 여성이 1등을 했으니 어떠했겠는가? 바로 전 대회에서 세계 최고의 골프 천재 '타이거 우즈'보다도 빠르게, 가장 어린 나이(20세 7개월 20일)에 우승을 해 세계를 놀라게 한 다음의 일이었다. 국가적 위기로 모두가 힘들어하던 시기에 박세리 선수의 계속된 우승은 '우리도 할 수 있다'는 꿈과 희망이 되었다.

이런 영향으로 2000년대에 들어서는 '박세리 키즈'로 불리는 많은 어린 골프 선수들이 등장했다. 그리고 몇 년 뒤 이들은 세계 대회에서 가장 자주 **우승컵을 들어 올리는** 선수들이 되었다. 그렇지만 그때나 지금이나 골프는 비용이 부담스러운 스포츠이다. 일반 국민들 입장에서는 골프장 이용료가 여전히 적지 않기 때문이다. 한국이 국토 면적 기준 세계 108위의 작은 나라여서 골프장 숫자가 많지 않은 탓이다.

그런데 최근 몇 년 사이, 특히 코로나 팬데믹을 겪으면서 상황이 변했다. 골프 인구가 크게 늘어났다. 골프장은 집합 금지, 야외 활동 제한 등으로부터 비교적 자유로웠기 때문이다. 그 결과 2022년에는 연간 골프장 이용 인원이 4,674만 명(한국 골프장 경영 **협회** 제공 자료)이나 되었다. 5년 전에 비해 23% 이상 증가한 수치이다. 한국 인구가 약 5,128만 명 정도이므로 거의 전체 인구수에 해당하는 숫자이다. 이 기간 골프장도 490개에서 514개로 증가했다.

도대체 왜 한국에 갑자기 골프 열풍이 불어온 것일까? 가장 큰 이유는 MZ 세대(2030 세대)에 있다. KB 경영 연구소에 의하면, 2020년 한국의 골프 **입문자** 46만 명 중 65%가 젊은 층으로 나타났다. 그렇다면 MZ 세대는 왜 다른 곳이 아닌 골프장으로 몰려간 것일까?

첫째, 코로나 팬데믹으로 해외여행이 어려워진 젊은이들이 골프로 관심을 돌렸기 때문이다. 동아시아 국가들 중에서 해외여행을 가장 많이 다니는 한국의 젊은이들이 코로나로 해외여행이 어려워지자 골프를 시작한 것이다.

둘째, '주 52시간 근무 제도' 등으로 여유 시간이 많아져 이른바 워라밸이 가능해졌기 때문이다. 실제로 젊은이들은 야외 골프장에 비해 상대적으로 비용이 저렴한 실내 스크린 골프장을 주로 이용한다. 퇴근 후 실내 골프장에 모여 간단하게 식사와 음주를 하며 짧게 즐기고 헤어지는 식이다.

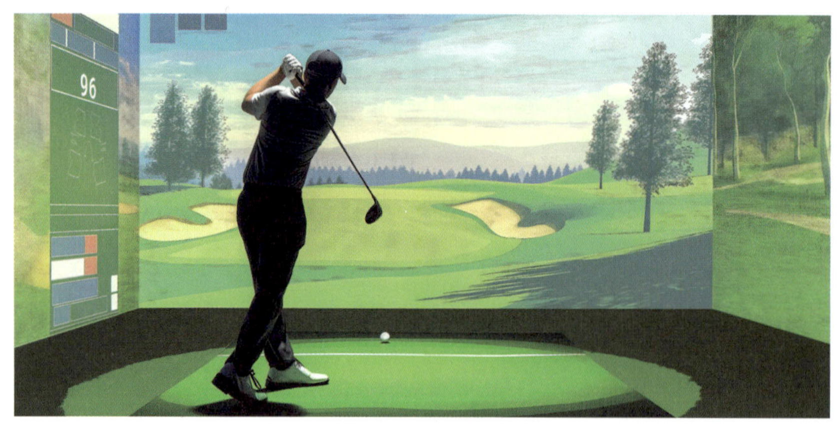

셋째, 젊은 세대들은 패션에 관심이 많고 **과시욕**이 큰 편인데 골프가 바로 그런 스포츠이기 때문이다. 예쁜 골프복을 입고 찍은 사진을 SNS에 업로드하면서 자신의 패션과 골프 관련 일상을 공유하는 것이 하나의 문화가 되었다. 인스타그램 같은 SNS에는 '#골린이(골프 어린이의 준말, 골프를 시작한 지 얼마 안 돼 어린이처럼 잘 못 하는 사람, 골프 초보라는 뜻의 신조어)'로 된 해시태그('샵(#) 기호 뒤에 어떤 단어를 쓰면 그 단어에 대한 정보를 모아서 볼 수 있도록 해 놓은 것)가 수십만 개에 달할 정도이다.

10여 년 전만 해도 '부유한 **중장년층**의 스포츠'로 여겨졌던 골프가 코로나 팬데믹을 거치면서 순식간에 대중적인 스포츠로 변했다. '뉴욕 타임즈' 같은 매체에서도 세계적으로 보기 드문 현상이라고 보도할 정도이다. 한국에 불어온 골프 열풍은 그만큼 독특하다.

QUIZ

※ 글의 내용으로 맞으면 O, 틀리면 X 하십시오.

1) 박세리 선수는 우승 후 많은 유소년 골프 선수들을 가르쳤다.

2) MZ 세대는 다른 사람에게 뭔가를 자랑하며 보여 주는 것을 좋아한다.

3) MZ 세대 등 젊은 사람들이 골프를 선호하게 된 것은 해외여행을 갈 수 없었기 때문이다.

4) 젊은 사람들 중에 골프복을 입고 찍은 사진을 공유하는 문화가 있기는 하지만 실제로 골프를 치는 사람은 별로 많지 않다. ☐

※ 빈칸에 알맞은 말을 쓰십시오.

5) ___________는 자연재해나 사회적으로 피해를 당해 어려운 사람들을 도와주는 것이다. '코로나 ___________ 대책', '소비자 피해 ___________'와 같이 사용된다. 한편 다치거나 위험에 처한 사람을 도와 주는 것은 '구조'이고 그런 일을 하는 사람은 '구조대원'이다. 또 119 '구조대'는 그런 일을 하기 위해 만들어진 조직이다.

6) 사회 구성원들을 말할 때 나이가 비슷한 사람들을 '연령층'에 따라 '유년층', '소년층', '청년층', '중년층', '장년층', '노년층' 등으로 구분하곤 한다. 또 청소년기에 있는 사람들은 '청소년층', '중년층'과 '장년층'을 함께 말할 때는 '___________'이라고 한다.

활동 여러분 나라에서 많은 사람들이 즐기는 '국민 스포츠'와 같은 운동이 있습니까? 그 운동을 언제, 어떤 방식으로 즐깁니까? 그 운동은 직접 하는 운동입니까, 아니면 주로 관람을 하는 운동입니까?

1) 선생님, 우리나라에서는 이 운동(스포츠)이 인기가 많아요.

①

②

③

2) 그 운동은 보통 이렇게 즐기는 사람이 많아요.

①

②

③

한국인의 혼이 담긴 스포츠, 양궁

※ 여러분 나라를 대표하는 스포츠 종목은 무엇입니까? 그 종목은 어떤 이유로 대표적인 종목이 되었습니까? 국민들도 실제로 그 운동을 즐기고 있습니까? 여러분은 그 운동에 대해 어떻게 생각합니까?

1) 선생님, 우리나라를 대표하는 스포츠 종목에는 이런 것들이 있어요.

①

②

③

④

⑤

2) 이 종목들은 이런 이유 때문에 우리나라를 대표하는 종목이 된 것 같아요.

①

②

③

④

⑤

3) 우리나라 국민 중에 이 운동을 즐기는 사람은 이 정도 되고요. 저는 이 종목에 대한 이런 경험이 있어요.

①

②

③

④

⑤

　　양궁은 태권도, 쇼트 트랙(short track) 등과 함께 대한민국을 대표하는 스포츠 중 하나이다. 태권도나 쇼트 트랙도 그렇지만 특히 양궁은 올림픽과 같은 국제 대회에서 한국 선수들이 금메달을 가장 많이 따는 종목이다. 그런 의미에서 '효자 종목'이라고도 한다. 다른 자식들은 몰라도 끝까지 부모님 말씀을 따르고 효도를 하는 자식처럼 양궁은 언제나 한국에 금메달을 선사하는 종목이기 때문이다. 이뿐 아니라 양궁은 역사적으로도 한국인에게 특별한 의미가 있다.

　　한국인에게 잘 알려져 있는 '삼국지'라는 중국의 역사책이 있다. 고대 한국 사회에 대한 기록이 남아 있는 가장 오래된 책이다. 이 책의 '동이전'이라는 부분에 한국 고대 사회의 모습이 적혀 있는데 '동이'가 바로 '한국 민족'을 가리키는 말이다. '동쪽에 사는 활을 잘 쓰는 민족'이라는 뜻이다. 한국인들이 얼마나 활을 잘 쏘았길래 그것이 민족을 가리키는 말로 사용이 된 것일까? 쉽게 상상이 되지 않는다.

　　'활 쏘기'에 대한 내용은 고구려의 건국 신화, '주몽 신화'에서도 찾아볼 수 있다. '주몽'은 '고구려'라는 나라를 건국한 '동명성왕'의 이름이다. 동명성왕의 아버지는 하늘의 신 '해모수'이고 어머니는 '강의 신' '하백'의 딸 '유화'이다. 동명성왕은 어려서부터 활을 잘 쏘아 '주몽'으로 불렸는데 이 '주몽'이라는 말이 '활을 잘 쏘는 사람'이라는 뜻이다. 그렇다. 한국인은 '활을 잘 쏘는 민족'으로 불렸고 또 그런 뜻으로 이름이 붙여진 '주몽'의 자손인 것이다. 그 결과일까? 한국은 양궁에서만큼은 세계 최강의 뛰어난 실력을 보여 주고 있다.

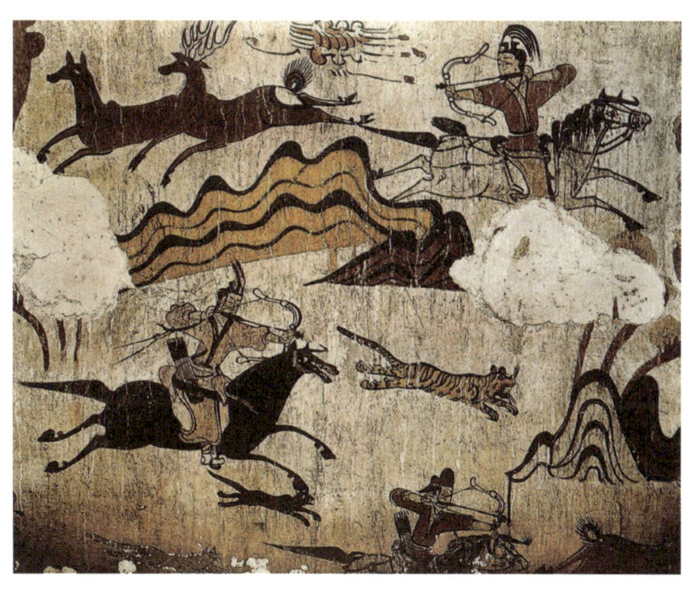

　그러나 한국이 처음부터 양궁 강국이었던 것은 아니다. 1970년대까지는 국제 대회에서 메달을 딴 적이 없었다. 1984년이 되어서야 처음으로 서향순 선수가 올림픽에서 금메달을 차지했다. 그리고 이때부터 한국의 양궁은 40년 이상 세계 정상의 자리를 지키고 있다. 무엇이 이러한 놀라운 결과를 가져왔을까? 뭐니 뭐니 해도 가장 중요한 요인은 한국 양궁만의 독특한 국가대표 선발 시스템과 훈련 방식에 있다. 한국 양궁의 국가대표 선발 방식은 인재를 선발하는 과정이기도 하지만 선발된 인재가 더욱 뛰어난 실력을 갖게 만드는 교육 시스템이기도 하다.

　그러한 선발 과정이 매년 반복되며 그 과정을 통과한 최고의 실력자들만 국가대표로 선발된다. 한 명의 예외도 없다. 전년도 국가대표도, 세계 대회 금메달리스트도 다른 모든 참가자들과 마찬가지로 선발전에 참가해야 한다. 실제로 올림픽 금메달리스트조차도 단 한 번의 실수로 탈락하기도 한다. 그래서 양궁은 국가대표 선발전이 메달 따기보다 어렵다는 말이 있다. 총 4,055번의 활을 쏘고 그 결과에 따라 국가대표로 선발되는 게 한국의 양궁이다.

　이 외에 이미지 트레이닝(training) 등 외부 환경에 대비한 특별 훈련과 선수들 간의 강한 팀워크도 중요한 요인이다. 양궁은 야외에서 실시되기 때문에 바람이나 비, 소음 등의 외부 환경이 결과에 큰 영향을 미친다. 좋은 성적을 얻기 위해서는 이러한 외부 요인에 영향을 받지 않아야 한다. 이에 한국에서는 2000년대 초반부터 이미지 트레이닝 훈련을 도입하였다. 관중으로 가득한 경기장의 영상과 소리 등을 이용해 심리적 압박감을 극복할 수 있도록 한 것이다. 특히 파리 올림픽 때는 실수가 없는 완벽한 상대와 만났을 때를 대비해 특별히 제작된 '양궁 로봇'도 훈련에 이용되었다.

　또 비바람이 불고 눈이 내리는 상황에서 실제 경기처럼 훈련을 한다. 선수들끼리 서로 격려하고 배려하는 문화도 빼놓을 수 없다. 동료가 실수하면 오히려 큰 소리로 격려하고 파이팅을 외친다. 또 먼저 경기를 치른 선수는 다음 선수에게 바람 등 경기장 상황에 대해 이야기를 해 준다. 한국 양궁에서 보여 주는 이러한 노력과 성과는 모두가 참고할 만한 훌륭한 모범 사례이다.

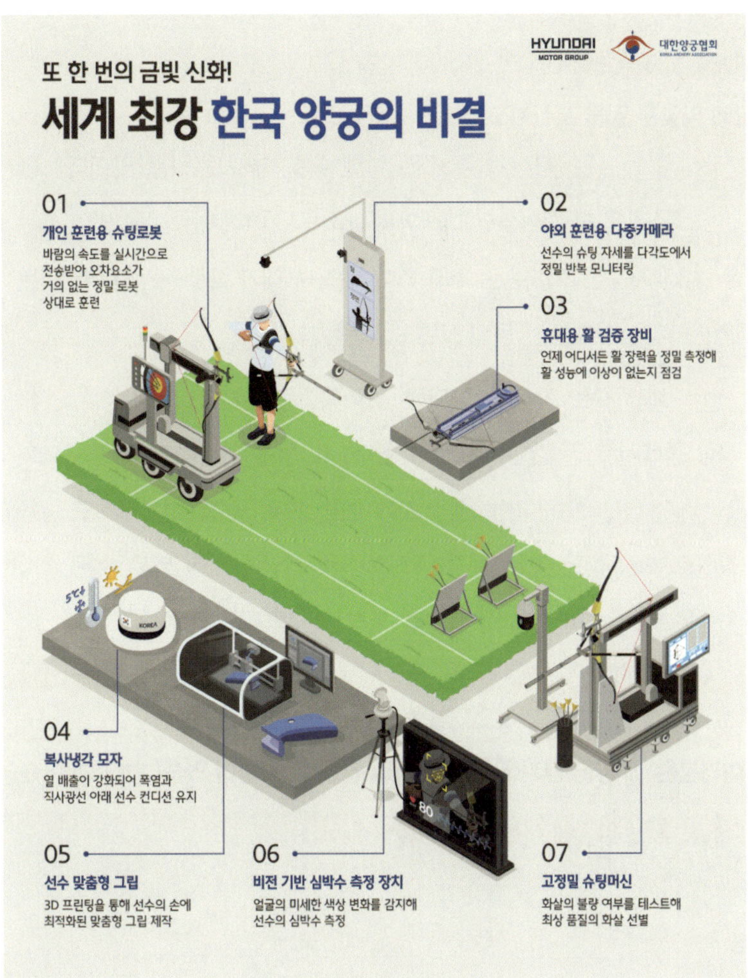

〈출처: 현대자동차그룹〉

QUIZ 1

※ 글의 내용으로 맞으면 O, 틀리면 X 하십시오.

1) 고대 중국에서는 한국 사람들이 활을 잘 쏜다고 생각했다.

2) 한국은 1970년대부터 양궁에서 세계적으로 좋은 결과를 얻게 되었다.

3) 한국에서는 4년에 한 번씩 양궁 국가대표를 선발한다.

4) 한국 양궁에서는 경기력을 높이기 위해 최대한 조용하고 외부 요인의 영향이 없는 환경에서 훈련을 한다.

※ 빈칸에 알맞은 말을 쓰십시오.

5) __________은 '자식과 손자'를 함께 이를 때 사용하는 말이다. 한 집안의 __________이 과거부터 미래까지 계속해서 이어지는 것을 말할 때는 이것을 두 번씩 사용한 '자자손손'이라 하고 여러 세대가 오랫동안 이어진다는 뜻으로 '자손만대', '대대손손' 등의 표현도 사용된다.

6) __________은 가장 강하다는 뜻이다. 그래서 '__________자'는 여러 사람 중에서 가장 강한 사람을 뜻한다. 이 말은 2022년부터 방송되기 시작된 '__________ 야구'라는 한 스포츠 예능 프로그램의 이름으로도 사용되었다. 참고로 가장 좋은 것은 '최상', '최고', 수나 양이 가장 많은 것은 '최대', 가장 처음은 '최초', 그리고 가장 마지막과 나중은 '최후', '최종'이다.

활동 여러분은 ① 양궁 경기를 보거나 직접 활을 쏜 경험이 있습니까? ② 어땠습니까?

1) 선생님, 저는 양궁에 대한 이런 경험이 있어요.

　①

　②

　③

2) 그때 이런 생각이 들었고요.

　①

　②

　③

▌양궁의 변화와 한국 양궁의 위기, 그리고 새로운 도전

양궁이 스포츠 종목으로 처음 등장한 것은 1900년 파리 올림픽에서였다. 여자 경기는 없었고 33m 거리의 **남자부** 경기 하나가 **시범 종목**으로 실시되었다. 4년 뒤에 열린 올림픽에서는 반대로 **여자부** 경기만 치러졌다. 그러다 1972년에야 올림픽 정식 종목이 되었다. 84년까지는 남녀 **개인전**밖에 없다가 88년 서울 올림픽부터 **단체전**이, 그리고 2020년 도쿄 올림픽부터 남녀 **혼성** 종목이 추가되었다.

양궁 경기는 사용되는 활에 따라 '리커브(Recurve bow)'와 '컴파운드(Compound bow)'의 두 종목으로 나뉜다. 사용하는 활이 다르기에 두 종목은 **화살**은 물론 **표적**의 크기나 사격 거리에 있어서도 차이를 보인다. 지금까지 올림픽에서는 리커브 종목만 치러졌는데 앞으로 컴파운드도 올림픽 종목으로 **채택될** 가능성이 있다고 한다.

한국 양궁에는 새로운 도전이 시작된 셈이다. 컴파운드 종목도 성적이 나쁜 것은 아니지만 그동안 리커브만큼 좋은 성적을 보여 주지는 못했기 때문이다. 2000년대 초반부터 많은 나라에서 한국 감독을 **영입해** 간 것도 문제이다. 그 결과 이들 국가의 실력이 한국 양궁을 거의 따라와 기술적인 차이가 별로 없어졌다. 이런 영향으로 2023년에 '베를린'에서 열린 '세계 양궁 선수권 대회' 단체전 경기에서는 인도네시아에 져 탈락하기도 했다. 세계 최강을 자랑하던, 그것도 올림픽에서 10회 연속 금메달에 도전하던 한국 여자 대표 팀에게는 그야말로 충격적인 사건이었다. 한국 양궁의 위기이다. 새로운 마음으로 처음부터 다시 시작하겠다는 마음이 필요하다. 인도네시아 등에서 한국 양궁을 배워 갔던 것처럼 다른 나라 양궁의 장점을 반대로 배워 올 필요도 있다.

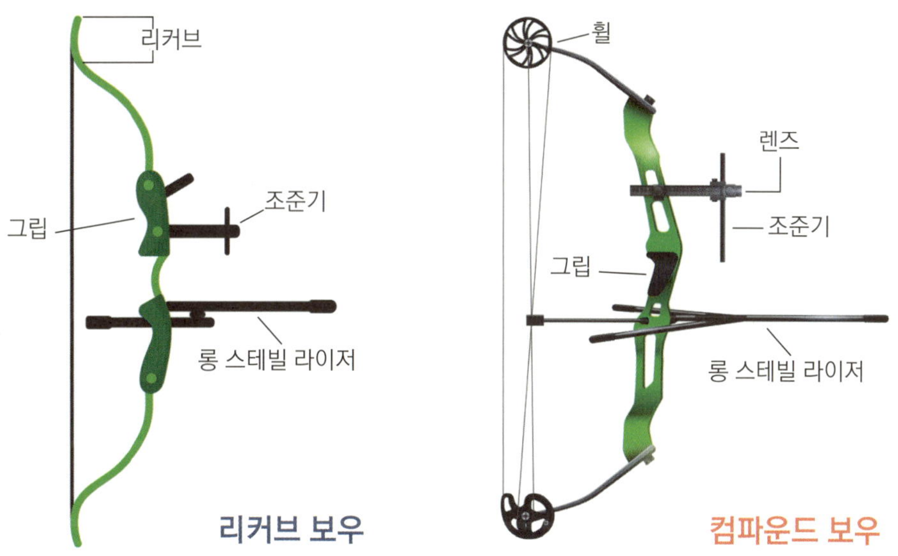

미국의 한 양궁 경기 해설자에 따르면 대한민국 양궁 국가 대표 팀은 '드림 팀(dream team)'의 위상을 가지고 있다고 한다. 미국의 농구, 캐나다의 아이스하키, 중국의 탁구와 다이빙, 러시아의 '리듬 체조' 국가대표 팀처럼 말이다. 언젠가는 이를 대신할 국가나 팀이 등장하겠지만 이들 대표 팀은 상대 팀을 압도하는 뛰어난 실력으로 언제나 최고의 경기를 보여 준다.

한국의 양궁 팀도 마찬가지다. 올림픽 양궁 신기록 14개 중 12개가 한국 선수단에서 나온 기록이다. 심지어 1988년 서울 올림픽과 2000년 시드니 올림픽에서는 여자 개인전에서 '포디움 스윕'(podium sweep, 한 국가에서 금, 은, 동메달을 모두 따서 포디움, 즉 시상대를 다 차지하는 것)을 하기도 했다. 잠시 위기를 겪고 있지만 다시 세계 최강의 자리를 되찾을 수 있길 기대해 본다.

※ 참고로 다행스럽게도 2024년 파리 올림픽에서 한국 양궁은 여자 단체전 10연패(10번 연속 우승), 남자 단체전 3연패, 혼성 단체 2연패, 그리고 남녀 개인전 및 단체전, 혼성 단체전의 다섯 종목 모두에서 금메달을 차지하는 대기록을 달성하며 올림픽 양궁 역사를 새로 썼다.

QUIZ 2

※ 글의 내용으로 맞으면 O, 틀리면 X 하십시오.

1) 양궁 경기는 1972년에 올림픽 공식 종목이 된 이후부터 큰 변화 없이 실시되고 있다.

2) 한국은 리커브보다 약한 컴파운드 종목의 발전을 위해 외국 감독을 영입했다.

3) 한국 여자 양궁 팀은 두 번의 포디움 스윕과 12개의 올림픽 신기록을 가지고 있다.

※ 빈칸에 알맞은 말을 쓰십시오.

4) ___________은 사람들이 잘 모르는 것에 대해 그것이 이런 것이라거나 이렇게 하는 것이라고 보여 주는 것을 말한다. '국기원'의 태권도 '___________ 단'은 한국의 태권도를 국내외 사람들에게 보여 주는 단체이다. 한국에서는 2024년에 자율 주행 화물차의 고속도로 '___________ 운행'이 있었다. 그 외에 신도시 '아파트 ___________ 단지', '비대면 진료 ___________ 사업'과 같이 사용된다.

5) ___________은 남녀가 함께 섞이거나 서로 다른 것들이 섞여 이루어지는 것을 말한다. 남녀가 함께 있는 음악 그룹을 '___________ 그룹'이라고 한다. 한편 두 가지 이상을 함께 사용하는 것을 '혼용'이라고 하는데 이렇게 뭔가가 함께 있으면 복잡하고 어지럽다. 이것이 '혼돈'스럽거나 '혼란'스러운 상황이다. 이럴 때 사람들은 그것이 무엇인지, 무엇이 맞고 틀린지, 또 좋고 나쁜지를 구별하기 어려워 '혼동'하게 된다.

활동 여러분은 한국의 태권도를 배워 본 적이 있습니까? 주변 사람이나 방송에서 하는 것을 본 적은 있습니까? 그때 어떤 인상을 받았습니까? 기회가 된다면 한번 배워 보고 싶습니까?

1) 선생님, 저는 태권도에 대한 이런 경험이 있어요.

①

②

③

2) 그때 이런 인상을 받았고요.

①

②

③

e스포츠도 스포츠다

※ 여러분이 즐겨 하는 게임에는 어떤 것들이 있습니까? 그 게임을 왜, 언제부터 즐겼습니까? 요즘은 어떤 게임의 경우 'e스포츠'라고 하며 대회를 개최하기도 하는데 알고 있습니까? 어떻게 생각합니까?

1) 선생님, 저는 이런 게임을 좋아하고 이때부터 자주 하고 있어요.

①

②

③

④

⑤

2) 그리고 e스포츠에 대해 이런 것들을 알고 있어요.

①

②

③

④

⑤

21세기 들어 스포츠 분야 역시 시대의 변화와 함께 크게 바뀌고 있다. 달리기, 축구 같은 오랜 전통을 가진 스포츠 이외에 전자 게임을 통해 승부를 겨루는 'e스포츠'라는 것이 새롭게 생겨났다. e스포츠란 'electronic'과 'sports'의 합성어로 컴퓨터나 모바일 등으로 즐기는 게임을 말한다. 개인이 여가나 취미 활동으로 즐기던 게임이 공식적인 대회가 개최되면서 스포츠의 하나로 인정을 받은 것이다. 한국은 e스포츠 세계 최강 국가 중 하나이다. e스포츠라고 하는 용어도 한국에서 처음 사용하였다. 2000년, '21세기 프로

게임 협회'(현 한국 e스포츠 협회) **창립** 행사에서 '박지원' 문화관광부 장관이 사용한 것을 그 시작으로 보고 있다.

　한국 e스포츠의 역사에서 빼놓을 수 없는 인물로 '임요환' 선수를 꼽을 수 있다. 임요환 선수는 2000년대 한국 e스포츠의 상징적인 인물이다. '스타크래프트는 몰라도 임요환은 안다'는 말이 있을 만큼 '스타크래프트'라는 게임에서 최고의 실력을 보여 준 선수이다. 임요환 선수를 시작으로 게임을 직업으로 하는 '프로 게이머'가 생겼다고 해도 될 정도이다. e스포츠를 발전시키고 '스타크래프트'라는 게임의 역사를 만들어 간 선수라고 할 수 있다. 최근에는 '리그 오브 레전드'(League of Legends, 약칭 롤)의 이상혁 선수가 그 **뒤를 잇고** 있다.

　한편 선수들이 직접 몸을 움직이며 하는 경기가 아니라 '전자 게임'의 형식으로 진행된다는 점에서 e스포츠를 진정한 스포츠로 볼 수 없다는 이야기도 끊이지 않고 있다. 전자 기기가 필요하고 인터넷이 발달한 나라에서만 가능하다는 현실적인 문제도 있다. 또 청소년 게임 중독 등도 문제가 되고 있다. 그럼에도 불구하고 e스포츠는 2022년 '항저우 아시안 게임'에서 정식 종목으로 채택되어 전 세계인의 주목을 받았다. 올림픽 정식 종목 채택에 대해서도 논의가 계속되고 있는데 그 배경은 다음과 같다.

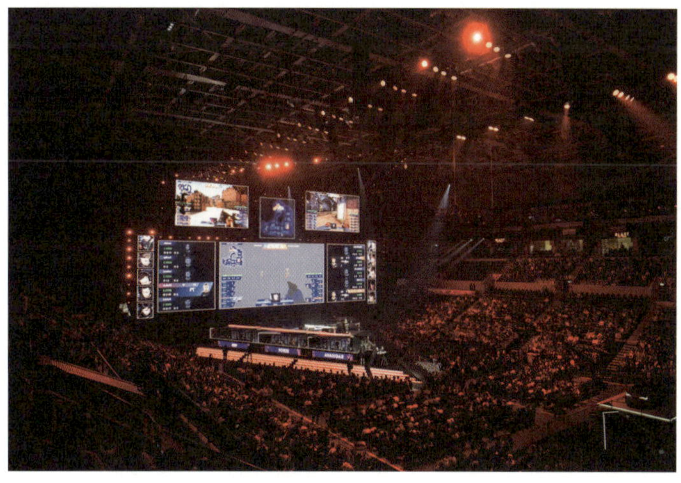

　'이코노미스트(영국의 시사·경제지)'에 따르면, 1992년 '바르셀로나 올림픽'의 경우 경기를 관람하는 사람들의 평균 연령이 39세 정도였다. 그런데 관람객 평균 연령이 점점 높아져 2016년 '브라질 리우 올림픽'에서는 53세로 증가했다고 한다. 올림픽이라는 '세계인의 축제'가 시간이 지날수록 젊은 사람들에게 점점 **외면받고** 있는 것이다. e스포츠를 통해 이 문제를 해결할 수 있다. e스포츠가 젊은 세대가 가장 즐기는 인기 스포츠가 되었기 때문이다. 이들은 인터넷 방송이나 각종 중계 플랫폼을 통해 e스포츠를 즐긴다. '롤드컵'(League of Legends의 줄임말, '롤'과 월드컵의 합성어)이나 '오버워치 월드컵(Overwatch World Cup)' 결승전은 월드컵 축구 못지않은 인기를 끌고 있다.

2023년 11월 19일에 한국 '고척 스카이 돔'에서 열린 한중 롤드컵 결승전도 그랬다. 2002년 한일 월드컵 때 광화문에서 펼쳐졌던 '붉은 악마'(Red Devil, 대한민국 축구 국가대표 팀 응원단의 이름)의 응원만큼이나 열기가 뜨거웠다. 이날 롤드컵 경기장 일대는 입장을 준비하는 팬들로 북적거렸고 티켓을 구하지 못한 팬들은 광화문 광장의 대형 화면을 통해 응원을 했다. 결승전 티켓 1만 8천 석이 예매 시작 10분 만에 매진되었다. 암표 가격은 무려 1,000만 원을 넘었고 광화문 광장에는 약 1만 명의 사람이 모였다. 롤드컵 중계방송의 시청자 수(전체 접속자 수 기준)도 처음으로 4억 명을 돌파했다. 결승전 동시 접속자 수는 1억 명을 넘어 사상 최대를 기록했다.

이날 결승전의 승자는 역시 '페이커'(Faker, 이상혁 선수의 닉네임)가 활약하는 한국 팀 'T1'이었다. 한국 팀은 이날 승리로 롤드컵 역사 최초로 4회 우승의 기록을 세웠다. 축구 선수 메시(Messi)와 호나우두(Ronaldo)의 멋진 드리블(dribble)에 박수를 보내듯, 롤 프로게이머 이상혁 선수의 플레이(play)에 전 세계 관중들이 환호했다. 경제 효과도 크다. 롤드컵 개최에 의한 경제 효과가 최소 2,000억 원에 달한다는 분석이 나왔을 정도이다. K-스포츠도 한류를 대표하는 분야 중 하나가 되었다. 스타 플레이어(player) 이상혁을 만나기 위해 전 세계 팬들이 한국으로 몰려오고 있다. 프로게이머 이상혁 선수가 BTS, 세븐틴, 엔시티, 블랙핑크, 아이브, 뉴진스 같은 아이돌 그룹처럼 세계적인 스타로 인기를 누리고 있는 것이다.

이제 e스포츠가 스포츠가 맞냐느니 아니냐느니 하는 논쟁은 불필요하다. 이미 팬들은 e스포츠를 축구 경기와 마찬가지의 스포츠로 즐기고 관람하고 있기 때문이다. e스포츠 역시 경기에서의 승부를 통해 관람자에게 재미를 준다는 점에서 일반 스포츠와 다르지 않다. 스타 선수에 대한 팬덤(fandom) 현상과 응원 문화가 활발하다는 공통점도 있다. 또 국제 대회를 통해 국가의 위상을 높이고 경제적 효과를 얻을 수 있다는 점에서도 비슷하다. 이를 고려할 때 e스포츠를 전통 스포츠와 다르게 볼 이유가 많지 않아 보인다. 이렇게 정리할 수 있을 것 같다.

롤드컵,
'이 스포츠'가 바로 'e스포츠'다.

QUIZ

※ 글의 내용으로 맞으면 O, 틀리면 X 하십시오.

1) 한국의 프로 게임 협회에서는 보다 많은 사람들이 여가와 취미 활동으로 게임을 즐기게 하려고 'e스포츠'라는 용어를 만들었다.

2) 한국에서는 아직까지 임요환 선수만큼 한 가지 게임에서 뛰어난 실력을 보여 주는 선수가 나타나고 있지 않다.

3) e스포츠가 젊은 사람들에게 인기를 끌면서 올림픽 관람객의 평균 연령이 크게 낮아지고 있다.

4) 2023년의 롤드컵 결승전에서는 월드컵 스타 메시와 호나우두가 초대되어 큰 박수를 받았다.

※ 빈칸에 알맞은 말을 쓰십시오.

5) ___________은 어떤 사람이나 상황을 마주하기 싫어서 '얼굴을 다른 곳으로 돌린다'는 뜻의 단어이다. 한편 처음 만나는 사람, 즉 얼굴을 처음 보는 사람은 '초면', 이전에 만난 적이 있는 사람은 '구면'이라고 한다. 어떤 사람을 처음 만나는 상황에서는 '초면에 실례가 많습니다.', 만난 적이 있는 사람에게는 '우리 구면이지요?'와 같이 사용된다.

6) ___________은 어떤 것에 대해 서로 다른 의견을 가진 사람들이 자신의 의견이 맞다고 '논의'하며 '다투는 것'을 말한다. 그런 '논의'에 많은 사람이 참여하여 자신의 의견을 주장하며 다투면 그 문제가 사회적 '논란', '논란거리', '쟁점'이 된다.

 여러분 나라에서 사람들이 예전에 가장 많이 했던 게임은 무엇이었습니까? 또 요즘은 어떤 게임이 인기가 많습니까? 여러분도 그 게임을 자주 합니까? 여러분에게는 게임을 잘하는 특별한 방법 같은 것이 있습니까?

1) 선생님, 우리나라에서는 예전과 지금 이 게임이 인기가 많아요.

　　①

　　②

　　③

2) 그리고 이렇게 하면 게임을 더 잘할 수 있는 것 같아요.

　　①

　　②

　　③

제5장

한국인, 한국 사회, 그리고 건강

1. 피로 사회, 정신 건강
2. 건강에도 트렌드(trend)가 있다
3. 치매, AI 의료

🎯 학습 목표

1 한국인의 자살률과 정신 건강에 관한 글을 읽고 관련 현황과 개선 방안에 대해 이해할 수 있다.

2 한국에서의 건강 트렌드에 대한 글을 읽고 한국인들의 건강에 대한 생각을 이해할 수 있다.

3 고령화 사회의 대표적인 질병인 치매와 AI 의료에 대한 글을 읽고 이해할 수 있다.

※ 여러분은 한국인의 자살률이 높은 이유가 무엇이라고 생각합니까? 또 나이나 세대(청소년, 성인, 노인 등)에 따라 자살을 하는 이유가 다르다면 각각 어떤 이유 때문일까요? 어떻게 하면 자살률을 낮출 수 있을까요?

1) 선생님, 저는 한국인의 자살률이 이런 이유 때문에 높다고 생각해요.

①

②

③

④

2) 나이나 세대에 따라 자살을 하는 이유에는 이런 차이가 있을 것 같고요.

①

②

③

④

3) 그리고 자살률을 낮추기 위해서는 이런 일들이 필요할 것 같아요.

①

②

③

④

　한국의 자살률은 인구 10만 명당 26명(2021년 기준)으로 OECD 국가 중 1위이다. OECD 주요 국가의 3~4배에 달할 정도로 자살률이 높다. 뿐만 아니라 다른 OECD 국가와 비교할 수 없을 정도로 증가 속도도 빠르다. 영국의 시사 경제 주간지 '이코노미스트'에 따르면, 2018년부터 2020년 사이 전 세계 주요 18개국의 자살률은 4.6명에서 4.7

명으로 조금 증가했다. 그러나 같은 기간 한국은 13.2명에서 16명으로 무려 20% 이상 급증했다. 한국의 자살률이 이렇게 높은 이유는 무엇일까? 한국 정부는 정신적 문제 (39.8%), 경제적 문제(24.2%), 그리고 질병과 같은 육체적 문제(17.7%)를 주요 원인으로 꼽고 있다. 문제는 자살 예방을 위한 각종 캠페인을 벌이고 있는데도 자살률은 오히려 증가하고 있다는 것이다.

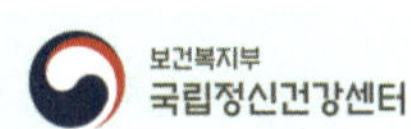

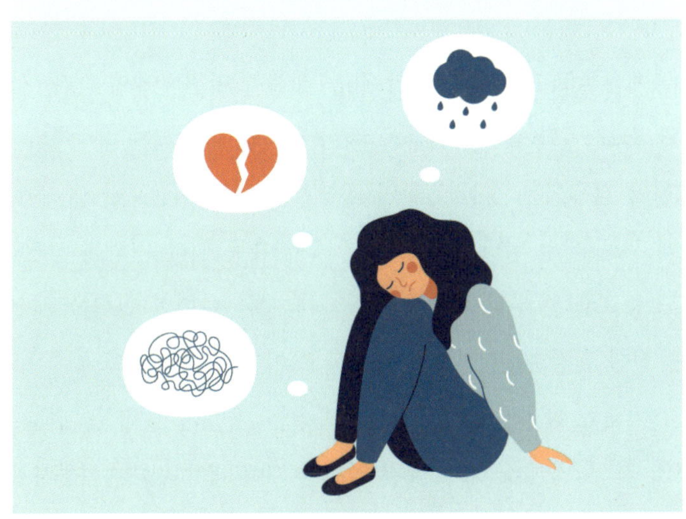

〈출처: 보건복지부〉

요컨대 국가는 선진국으로 인정받을 정도로 발전했지만 국민들은 죽음을 선택할 만큼 심각한 스트레스로 고통을 겪고 있는 것이 대한민국의 현실이다. 한국 전쟁 이후 짧은 기간 동안 빠르게 성장하는 과정에서 쌓인 문제들이 뒤늦게 나타나고 있는 것인지도 모른다. 성공에 대한 지나친 집착과 경쟁이 알게 모르게 한국인들의 정신 건강을 해쳐왔을 수도 있다. 결과적으로 많은 한국인들은 스트레스와 불안감에 시달리며 마음의 병을 앓게 되었다.

한국의 자살률이 높은 이유는 무엇보다 일, 공부, 인간관계 등에 있어서 사회적 스트레스가 크기 때문이다. 더불어 정신 질환에 대한 부정적인 인식의 영향도 크다. 몸이 아픈 것과 다르게 정신 질환은 뭔가 문제가 있는 것, 비정상적인 것으로 생각하는 사람이 많다. 그래서 정신 질환에 대해서는 주변 사람에게 말하는 것도, 병원에 가는 것도 **꺼리는** 경우가 많았다. 심지어 정신 병원 같은 곳도 **기피** 대상으로 여겨졌다. 병을 숨겨야 하니 제때 치료를 받을 수 없었다. 결국 병이 **악화된** 나머지 자살로 이어지는 경우가 많았던 것이다.

다행스럽게도 정신 질환에 대한 이런 부정적인 인식은 점차 나아지고 있다. 이제 정신 병원에 가서 심리 상담을 받는 것이 어느 정도 자연스러운 일로 받아들여지고 있다. 그래서 실제로 **불면증**, **우울증** 같은 정신 질환으로 **진료**를 받는 사람이 꾸준히 증가하고 있다고 한다. '국민 건강 보험 **공단**'의 자료에 의하면 2017년에 221만 명 정도이던 진료 인원이 2021년에는 약 302만 명으로 40% 정도나 증가했다. 같은 기간 전체 진료비 역시 약 1조 5,000억 원에서 2조 1,000억 원으로 늘어났다.

정신 질환을 예방하고 지원하기 위한 각종 정책이 마련되어야 한다. 사회 체육 시설을 늘리고 생활 스포츠 단체에 지원금을 주어 국민들이 편하게 운동할 수 있도록 해야 한다. 건강 보험이 적용되는 정신 질환의 대상과 금액도 지금보다 늘려야 한다. 구청이나 보건소 등에 무료 심리 상담 시설을 추가해서 아무 때나 편하게 상담을 받을 수 있도록 하는 것도 중요하다. 무엇보다 정신 질환에 대한 사회적 인식을 개선하기 위한 노력이 필요하다. 정신 건강 관련 정보가 공유되고 이에 대한 교육도 이루어져야 한다.

특히 나라의 미래를 책임질 청년 세대의 자살을 예방하기 위한 대책 마련이 **시급하다**. 청년 세대의 자살 원인을 찾아 해결 방안을 마련해야 한다. 전문가들은 MZ 세대 청년의 우울증이 대부분 경제적인 문제 때문인 것으로 보고 있다. 취업의 어려움, 취업한 기업에 대한 불만족, 다른 사람과의 비교에서 오는 상대적 **박탈감** 등이 우울증의 주요 원인이라고 한다. 현재 상황에 대한 불만족, 미래에 대한 불안감 같은 부정적인 감정이 결국 자살로 이어지는 것이다.

이를 방지하기 위해서는 해외에서처럼 중고등학교 과정에서 정신 건강에 대한 이해 교육이 충분히 이루어질 필요가 있다. 또 사회 구성원들이 자신의 특기와 적성을 찾고 그에 맞는 일을 하며 살아갈 수 있도록 해야 한다. 더 이상 이 나라의 소중한 인재를 잃지 않도록, 청년 세대의 자살률을 줄이기 위해 지혜를 모아야 할 때이다.

청년이 없으면 미래도 없다!

※ 글의 내용으로 맞으면 O, 틀리면 X 하십시오.

1) 한국의 자살률은 OECD 평균보다 20% 이상 높다. ☐

2) 정신 질환의 경우 아직 건강 보험이 적용되지 않는다. ☐

3) 국민의 정신 건강을 위해 국가에서 지원한 돈이 1조 5,000억 원에서 약 2조 1,000억 원으로 증가했다. ☐

※ 빈칸에 알맞은 말을 쓰십시오.

4) __________은 다른 사람의 재물이나 권리, 자격 등을 빼앗는 것을 말한다. 문제가 생기면 의사나 변호사의 면허증, 투표권 등 가지고 있던 것이 __________될 수 있다. 이렇게 자신이 가진 것, 또 가져야 한다고 생각되는 것을 빼앗겼다고 느끼는 감정을 '__________감'이라고 한다. 특히 '상대적 __________'은 자신보다 사회적, 경제적으로 앞선 사람들을 보며 자신에게 있어야 할 것을 빼앗긴 것처럼 느끼는 감정이다.

5) '수면'은 잠을 자는 것, '숙면'은 '잠을 깊이 잘 자는 것'이다. 반대로 __________은 '잠을 자지 못하는 것'이고 그런 일이 반복되는 것은 '__________증'이다.

활동 1 여러분은 몸이 크게 아팠던 적이 있습니까? 그때 어디가 아팠고 기분이 어땠습니까?

①

②

③

활동 2 '건강한 신체에 건강한 정신이 깃든다'는 말이 있습니다. ① 여러분은 몸과 마음의 건강 중 무엇이 더 중요하다고 생각합니까? 그리고 ② 몸과 마음의 건강 이외에 사회적 존재인 우리에게 필요한 또 하나의 건강은 무엇일까요?

①

②

※ 여러분은 운동, 다이어트, 규칙적인 생활(일찍 자고 일찍 일어나기), 아침밥 챙겨 먹기, 야식 안 먹기, 스트레칭(stretching)이나 산책 자주 하기, 게임 오래 안 하기 등 건강을 위해 하고 있는 일이 있습니까? 한국에 온 후 달라진 점이 있습니까? 있다면 어떤 점이 달라졌습니까?

1) 선생님, 저는 한국에 오기 전에는 건강을 위해 이런 일들을 했어요.

①
②
③
④
⑤

2) 한국에 온 후로는 이런 일들을 하고 있고요.

①
②
③
④
⑤

한국은 약 20년 전, '웰빙 열풍'이란 것으로 온 나라가 몸살을 앓았다. 그런데 재미있는 사실은 웰빙(wellbeing)이라는 단어가 국적도 유래도 정확하지 않은 신조어라는 점이다. '웰빙'이 인기를 끌자 건강하게 살기 위한 여러 가지 활동과 관련 현상을 가리키기 위해 생긴 말이다. 한국에서는 '잘 먹고 잘 사는 법'이라는 어느 방송사의 교양 프로그램에서 사용된 게 그 시작이라고 한다. 당시에는 그야말로 너도나도 웰빙을 찾았고 몸에 좋은 먹거리나 운동법 등을 공유하며 웰빙 열풍과 함께했다.

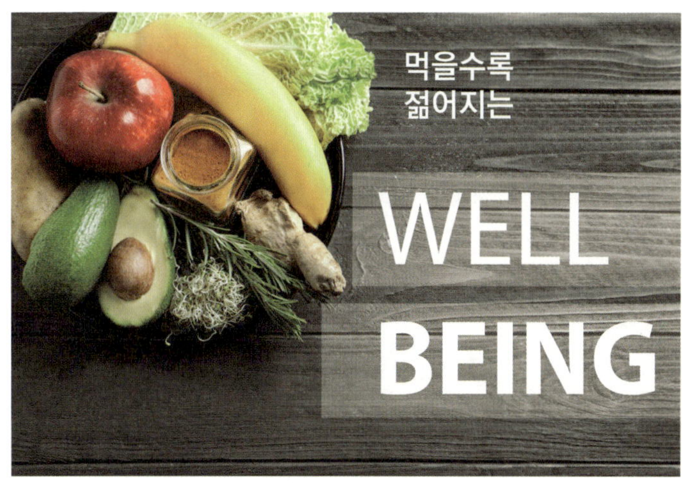

   그리고 10년 뒤, 이번엔 '걷기', '등산', '캠핑' 같은 것들이 건강의 **키워드**(key word)로 떠올랐다. 이제 단순히 좋은 거 먹고 집 근처 공원을 산책하는 것만으로는 부족했던 것일까? 갑자기 사람들이 조깅화와 운동복을 챙기기 시작했고, 텐트와 등산용품을 구입해서 산으로 **들**로 떠났다. 이에 맞춰 각 지방에서는 곳곳에 **둘레길**과 캠핑장을 만들었고 방송에서는 그곳을 찾아다니며 소개하기 바빴다. 많은 사람들이 등산복을 마치 **평상복**처럼 입고 다닐 정도였다.

   다시 10년이 지나 최근에 와서는 '자전거'와 '**피트니스**(fitness)', 그리고 '**필라테스**(pilates)'가 인기이다. 자전거의 경우 전국에 자전거 도로를 만들며 정부에서 앞장서서 권했을 정도이다. 약칭 '헬스클럽(health club)'으로 불리는 '피트니스 센터' 역시 전국 어디를 가도 눈에 띌 만큼 많아졌다. '필라테스' 학원도 마찬가지이다.

   신기하게도 이러한 '웰빙, 건강 관련 운동법'들을 보면 일정한 **주기**(대략 10년)에 따라 유행이 바뀌고 있음을 알 수 있다. 마치 보이지 않는 어떤 손이 트렌드(trend)를 만드는 것 같다. 그냥 걷기나 조깅, 줄넘기만 해도 건강을 지킬 수 있다. 굳이 비싼 돈을 들여 등산복과 텐트를 사거나 자전거를 구매하지 않아도 된다. 많은 돈을 내고 피트니스 센터나 필라테스 학원에 다닐 필요도 없다. '팔 굽혀 펴기(push-up)', '스쾃(squat)' 등 '집에서 할 수 있는 운동'(홈 트레이닝, 약칭 **홈트**)도 많다.

   그런데 왜 사람들은 한 가지 운동을 꾸준히 하지 않고 유행에 따라 이것저것 자꾸 바꾸는 것일까? 아마도 트렌드를 중요하게 생각하는 '대중 심리' 때문이 아닌가 싶다. 대중을 따르면서 자기를 **과시하고** 싶은 욕망이 트렌드를 만들고, 이를 이용해 돈을 벌려는 사람들이 트렌드를 유행시키는 것이다. 그러면 대중은 다시 그 트렌드를 따르게 되고, 시대에 **뒤처지지** 않았다는 **안도감**과 만족감을 느낀다. 지나치게 남의 시선을 의식하는 것으로 볼 수도 있지만, 최신 유행에 민감한 것으로 이해할 수도 있다. 그리고 이것이 바로 한국인들이 건강 하나도 트렌드를 따르면서 살아가는 이유이다.

QUIZ

※ 글의 내용으로 맞으면 O, 틀리면 X 하십시오.

1) 웰빙은 약 20년 전 건강에 대한 관심이 높아지면서 한국에서 만들어진 단어이다. ☐

2) 전국적으로 '피트니스 센터', 약칭 헬스클럽이 많아지면서 '팔 굽혀 펴기', 스쾃, 줄넘기 같은 운동을 하는 사람이 크게 증가했다. ☐

3) 한국에서는 국민의 건강을 위해 10년마다 한 번씩 국가에서 새로운 건강 트렌드를 소개한다. ☐

※ 빈칸에 알맞은 말을 쓰십시오.

4) _________는 어떤 것의 '바깥 부분, 테두리'를 뜻하는 말이다. '운동장 _________', '호수 _________'와 같이 사용된다. 우리 몸의 사이즈를 말할 때도 '목 _________', '가슴 _________', '허리 _________'와 같이 사용된다. 또 산 주변을 돌며 산책할 수 있도록 만든 길은 '_________길'이라고 한다.

5) 특별한 일이 없는 보통 때를 '_________', '_________시'라고 한다. '평소', '평시'와 비슷한 표현이다. 공부와 일을 위해 학교와 직장에 가는 날은 '평일'이고 반대는 '휴일'이다. 특별히 뛰어난 것 없이 다른 사람과 비슷비슷하면 '평범한' 사람, 스티브 잡스나 아인슈타인 같은 사람은 '비범'한 사람이다,

 여러분 나라 국민들은 건강을 위해 어떤 일들을 많이 합니까? 예전과 요즘 건강을 위해 하는 것에 변화가 있습니까?

1) 선생님, 우리나라에서는 예전에 건강을 위해 이걸 하는 사람들이 많았어요.

　①

　②

　③

2) 요즘은 이런 걸 하는 사람도 많아졌고요.

　①

　②

　③

※ 여러분은 가족이나 주변 사람들 중에, 또는 영화나 드라마 등에서 치매에 걸려 고생하는
사람을 본 경험이 있습니까? 어떤 생각이 들었습니까? 치매에 걸리는 이유는 뭘까요? 안
걸리려면 어떻게 해야 할까요?

1) 선생님, 저는 치매에 걸려 고생하는 사람을 보고 이런 생각이 들었어요.

①
②
③
④
⑤

2) 그리고 이런 사람이 치매에 많이 걸릴 것 같아요.

①
②
③
④
⑤

3) 그래서 치매에 안 걸리려면 이렇게 하는 게 좋을 것 같고요.

①
②
③
④
⑤

생로병사란 인간이 태어나 늙고, 병들고, 죽는 것을 말한다. 우리는 모두 누군가의 자식으로 태어나 누군가의 배우자, 또 부모가 되어 살아간다. 그렇게 삶을 마칠 때까지 생로병사의 과정을 거치며 살아가고 그 과정은 각자의 역사가 된다. 그런 자신의 인생과 소중한 사람을 기억조차 하지 못하며 죽어가는 슬프고도 두려운 병이 있다. 바로 '치매'이다. 수명이 길어지고 노인 인구가 증가하면서 '치매' 환자가 급증하고 있다. 이에 치매에 대한 연구와 대책 마련이 전 세계 공통의 과제가 되고 있다. 특히 세계적으로 유례를 찾기 어려울 만큼 빠르게 고령화가 진행 중인 한국 사회에서는 더욱 그렇다.

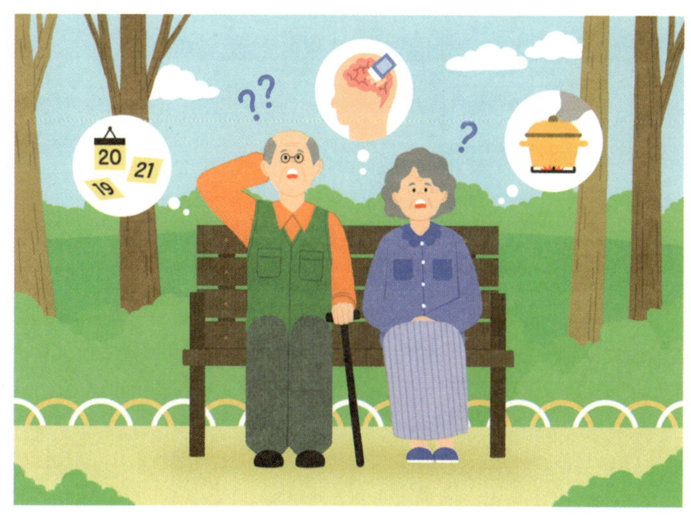

그런데 인간이 치매에 걸리는 이유는 무엇일까? 치매란 뇌의 인지 기능 장애로 인해 언어 사용에 문제가 생기고 결국 생각하고 판단하는 능력 등을 잃게 되는 질병을 말한다. 란셋위원회(The Lancet Commission, 세계적인 의학 저널(journal)인 'The Lancet'의 발행 단체)에 따르면 낮은 교육 수준, 난청, 흡연, 고혈압, 비만, 우울증, 사회적 고립, 당뇨, 신체 활동 부족, 과음, 대기 오염, 두부(head) 외상의 12가지가 치매를 일으키는 주요 요인이라고 한다. 이를 통해 치매 예방을 위해서는 신체적인 면은 물론 쾌적한 환경과 적당한 두뇌 활동, 그리고 사회적인 관계 유지 등 다양한 부분에 관심을 가져야 함을 알 수 있다.

이에 현재 한국에서는 많은 돈을 들여 치매 환자를 보호하고 지원하기 위한 방안들을 마련하고 있다. 치매 조기 검사 및 환자 등록 시스템 마련, 치매 환자 간호 인원과 요양 시설 확충, 치료제 개발을 위한 연구비 지원 등이 그것이다. 그러나 아직 보완해야 할 문제들이 많다. 생계조차 어려운 상황임에도 단지 주거지가 일정하지 않다는 이유로 혜택을 받지 못하는 사람들이 있다. 또 입원이 필요한 상황인데 일부 조건이 안 맞는다는 이유로 치매 병원 입원이 불가한 경우도 많다.

QUIZ 1

※ **글의 내용으로 맞으면 O, 틀리면 X 하십시오.**

1) 치매에 걸리면 기억을 잘 못하게 되지만 그것이 사회적으로 큰 문제가 되지는 않는다.

2) 환경 오염으로 인해 미세 먼지도 치매의 원인이 되고 있다.

3) 한국에서는 체계적인 치매 환자 관리 시스템을 만들어 치매 환자들이 제때 필요한 치료들을 받고 있다.

※ **빈칸에 알맞은 말을 쓰십시오.**

4) __________은 몸의 겉 부분, 즉 몸의 안이 아니라 '밖에 생긴 상처'를 뜻한다. 반대로 외부 충격 때문에 몸 안에 문제가 생긴 것은 '내부 손상', 즉 '내상'이라고 한다. 또 자동차 사고 등이 나면 '부상자'가 생기는데 조금 다친 사람은 '경상자', 크게 다친 사람은 '중상자'라 한다. 큰 사고의 경우 '사망자'도 발생하는데 '사망자'와 '부상자'를 합쳐 '사상자'라고 한다.

5) 어떤 것의 크기, 모양, 시간 등이 정해져 있어서 항상 같거나 규칙적일 때 '________하다'고 한다. 우리는 대부분 '________한 시간'에 자고 '________한 시간'에 일어나며 한 달 동안 '________한 금액'의 용돈을 쓴다. 또 매일 '________량'의 음식을 먹고 '________한 활동'을 한다.

❙AI 의료

최근 들어 전 세계적인 관심사가 되고 있는 AI, AI의 발전이 의료 분야에도 도움이
될 수 있을까? AI가 발달하면서 한 번쯤 해 봤을 만한 질문이다. 그런데 놀랍게도 이미
AI는 의학 분야에서 다양하게 활용되고 있다. 치료제의 개발 등 치료와 간호에서 큰 역
할을 하고 있다. 일부 국가에서는 '반려 로봇'이나 '돌봄 로봇'이 개발되어 환자들에게 큰
도움이 되고 있다. 머지않아 집안일을 도우며 건강을 관리해 주는 '도우미 로봇', 어린아
이들과 환자의 생활을 돕는 맞춤형 '헬스케어(healthcare) 로봇'에 이르기까지 갖가지 로봇
이 우리의 일상생활에 깊이 들어오게 될 것이다.

문득 어린 시절 TV에서 시청했던 '은하 철도 999'라는 만화가 생각난다. 이 만화에서
는 기계화된 인간의 신체를 고치거나 교체하며 살아갈 수 있는 미래 세상이 그려진다.
당시만 해도 현실에서는 이루어지기 어려운 만화 같은 이야기로 생각되었다. 그러나 인
공 지능과 과학 기술이 발달하면서 그런 세상이 눈앞의 현실로 다가오게 되었다. 병에
걸려도 죽지 않고 영원히 살아가는 세상이 오게 될 수도 있다. 어쩌면 노화 자체를 막
아 젊음을 유지한 채 장수할 수 있을지도 모른다.

이처럼 인공 지능은 의료 분야에서도 다양한 역할을 하며 병의 진단과 치료에서 큰
성과를 보여 주고 있다. 일례로 1999년 미국의 한 회사(Intuitive Surgical)에 의해 개발된
'다빈치(da Vinci)'라는 수술 로봇은 2020년 기준, 전 세계적으로 1,000만 건의 수술에 이
용되었을 만큼 사용이 일반화되었다. 미국의 경우 현재 전립선 수술의 90% 이상이 다빈
치에 의해 이루어지고 있다고 한다. 한국에서도 이러한 로봇 수술이 증가하고 있다. 다

만, 무인 자동차와 마찬가지로 AI 의료에도 다음과 같은 문제가 있다.

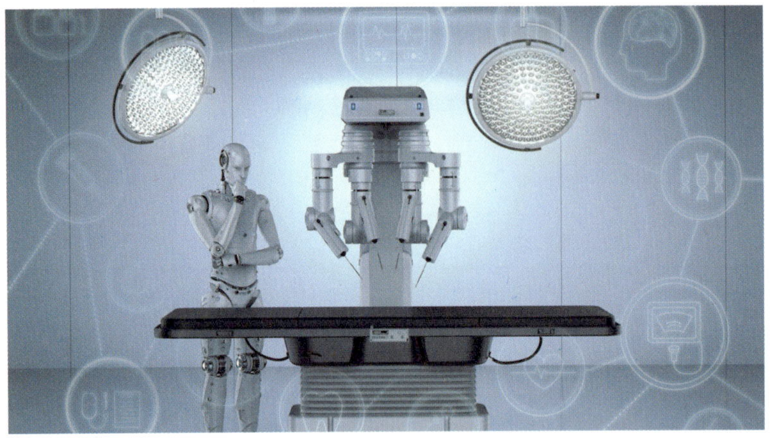

　첫째, 초기 투자 비용이 클 뿐만 아니라 유지하는 데도 비용이 많이 들어 치료비가 매우 비싸다는 점이다. 로봇 수술은 일반 수술에 비해 약 3~5배 정도의 비용이 드는 만큼 부유한 사람과 가난한 사람들 사이에 심각한 의료 **격차**가 발생할 가능성이 높다.

　둘째, AI 의료가 더 발전할 경우, 인간 의사 없이 의료 AI에게 생명을 맡겨야 하는 경우가 생길 수 있다. 이때 과연 인간이 아닌 기계를 어디까지 믿을 수 있을까 하는 문제이다. 이는 인간의 생명에 관한 문제이기에 해결이 간단치 않다.

　셋째, AI로 인한 의료 사고가 발생했을 때 누구에게 책임이 있는가 하는 문제이다. 또 인간 의사와 AI가 병의 진단과 치료 방법에 차이를 보일 경우, 그리고 그로 인해 환자가 피해를 볼 경우, 법원은 누구의 손을 들어줄 것인가? 쉽지 않은 문제이다.

　가까운 미래, 우리는 AI 의사에 의해 진료와 수술이 이루어지는 세상을 살아가게 될 가능성이 크다. AI 이용과 관련된 이런 문제들에 답을 찾아야 할 때이다.

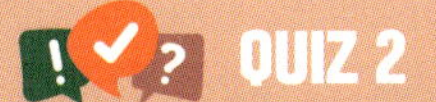

※ 글의 내용으로 맞으면 O, 틀리면 X 하십시오.

1) AI 기술이 계속 발전하면 언젠가 반려 로봇이나 돌봄 로봇이 치매 환자를 돕는 데 이용될 수 있을 것이다. [ ]

2) AI 의료가 발전하면 전 국민이 비슷하게 그 혜택을 받을 수 있을 것이다. [ ]

3) 미국은 현재 전체 수술의 90% 이상을 로봇에 의존하고 있다. [ ]

4) AI에 의한 의료로 사고가 발생하는 경우 인간 의사에게는 책임이 없다. [ ]

※ 빈칸에 알맞은 말을 쓰십시오.

5) __________은 물건 같은 것을 어떤 크기나 조건 등에 맞게 미리 부탁해서 만드는 것이다. 이렇게 하면 물건이나 서비스 등이 그것을 사용하는 사람에게 딱 맞게 된다. 내 발이나 몸의 크기에 맞게 따로 주문하여 구두나 양복을 만들면 '__________ 구두', '__________ 양복'이다. 최근에는 몇몇 사람들의 요구에 맞게 다양한 서비스를 제공하면서 '__________형'이라는 표현을 자주 사용한다. '__________형 서비스', '__________형 복지', '__________형 수업' 등이다.

6) 임금, 기술 등의 수준에 큰 차이가 있는 것을 __________라고 한다. 월급이 많은 사람과 적은 사람의 차이는 '임금 __________', 부자와 가난한 사람이 가지고 있는 재산의 차이는 '빈부 __________'이다. 또 공부를 잘하는 학생과 못하는 학생 사이에는 '학력 __________', 도시와 시골 사이에는 이용할 수 있는 문화 시설의 차이, 즉 '문화 __________'가 존재한다.

 다음은 치매 자가 진단 테스트입니다. 자신에게 해당되는 것에 표시하고 결과를 확인해 봅시다.

번호	항목	아니다 (0점)	가끔 (1점)	자주 (2점)
1	오늘이 몇 월이고, 무슨 요일인지 잘 모른다.	☐	☐	☐
2	자신이 둔 물건이 어디에 있는지 찾지 못한다.	☐	☐	☐
3	같은 질문을 반복해서 한다.	☐	☐	☐
4	약속을 하고서 잊어버린다.	☐	☐	☐
5	물건을 가지러 갔다가 잊어버리고 그냥 온다.	☐	☐	☐
6	물건이나 사람의 이름을 바로 기억하기가 힘들어 머뭇거린다.	☐	☐	☐
7	대화 중 내용이 이해되지 않아 반복해서 물어본다.	☐	☐	☐
8	길을 잃거나 헤맨 적이 있다.	☐	☐	☐
9	예전에 비해서 계산 능력이 떨어졌다.(예: 물건값이나 거스름돈 계산을 잘 못한다.)	☐	☐	☐
10	예전에 비해 성격이 변했다.	☐	☐	☐
11	이전에 잘 다루던 기구의 사용이 서툴러졌다.(세탁기, 전기밥솥 등)	☐	☐	☐
12	예전에 비해 방이나 집 정리 정돈을 잘 못한다.	☐	☐	☐
13	상황에 맞게 스스로 옷을 선택하여 입지 못한다.	☐	☐	☐
14	혼자 대중교통 수단을 이용하여 목적지에 가기가 힘들다. (관절염 등 신체적인 문제로 인한 것은 제외)	☐	☐	☐
15	내복이나 옷이 더러워져도 갈아입지 않으려고 한다.	☐	☐	☐

결과: 합계가 **7점 이상**이면 치매일 가능성이 있습니다.

* 이 검사는 '한국 치매 학회'의 치매 진단 테스트입니다.

제6장

IT와 한국

1. 또 하나의 세상, IT 월드
2. 인공 지능, 그리고 미래 사회
3. IT 강국, 코리아

🎯 학습 목표

1 IT와 인공 지능의 발달이 가져온 우리 일상의 변화에 대한 글을 읽고 이해할 수 있다.

2 인공 지능에 관한 글을 통해 인공 지능의 개념과 종류, 그것이 가져올 변화된 세상에 대해 이해할 수 있다.

3 한국의 IT 현황에 관한 글을 읽고 한국이 IT 강국으로 발전할 수 있었던 계기와 과정에 대해 이해할 수 있다.

1. 여러분은 하루 생활 중 스마트폰을 얼마나 사용합니까? 스마트폰을 이용하여 하는 일들을 구체적으로 생각해 봅시다.

   선생님, 저는 스마트폰으로 이런 일들을 하고 있어요.

   ①

   ②

   ③

   ④

   ⑤

   ⑥

   ⑦

   ⑧

   ⑨

   ⑩

2. 미국의 '오픈 에이 아이(OpenAI)'라는 기업에서 개발한 '대화형 인공 지능', 챗지피티(ChatGPT)를 계기로 인공 지능이 우리 생활 속으로 깊이 들어오게 되었습니다. 여러분은 챗지피티(ChatGPT)와 같은 것을 이용해 본 경험이 있습니까? 그것으로 무엇을 했습니까? 어땠습니까?

   선생님, 저는 챗지피티(ChatGPT)를 이용해서 이런 일들을 해 봤어요.

   ①

   ②

   ③

   ④

   ⑤

요즘 세상을 일컬어 흔히 정보·통신 사회, 또는 IT 혁명의 시대라고 한다. IT는 Information Technolgy의 줄임말이다. 한국말로는 '정보 기술' 정도로 번역된다. 그런데 IT 혁명을 한국말로 이야기할 때는 보통 정보·통신 혁명이라고 한다. 정보와 통신을 모두 포함하는 ICT(Information & Communications Technolgy)라는 용어가 있지만 그냥 더 간단하고 익숙한 IT를 통신까지 포함하는 뜻으로 사용하는 것이다.

IT 혁명의 시대답게 현대 사회는 컴퓨터, 스마트폰을 비롯한 수많은 전자 기기들이 인터넷 통신을 통해 연결되어 있다. IT 기기와 통신을 통해 언제 어디서나 연락하여 정보를 주고받을 수 있다. 정보·통신 기술이 우리의 삶 속으로 깊이 들어와 있는 것이다. 이 글을 읽고 있는 여러분을 비롯하여 전 세계의 많은 사람들이 인터넷을 통해 하루를 시작하고 인터넷으로 하루를 마치고 있다.

스마트폰의 알람 소리에 눈을 비비며 아침을 맞이하고 있을 것이다. 준비를 마치면 스마트폰을 통해 들려오는 음악 소리에 흥얼거리며 학교와 회사 등 각자의 일상 속으로 들어간다. 그리고 인터넷으로 연결된 세상 속 어딘가에서 공부와 일을 끝낸 후 다시 귀가한다. 집에 돌아오면 인터넷과 스마트폰은 이제 멋진 오락 도구가 되어 지친 몸과 마음을 위로해 준다. 새로 업로드(upload)된 웹툰(webtoon)과 최신 드라마, 그리고 영화와 게임에 이르기까지 인터넷으로 연결된 세상 속에는 즐거움이 가득하다.

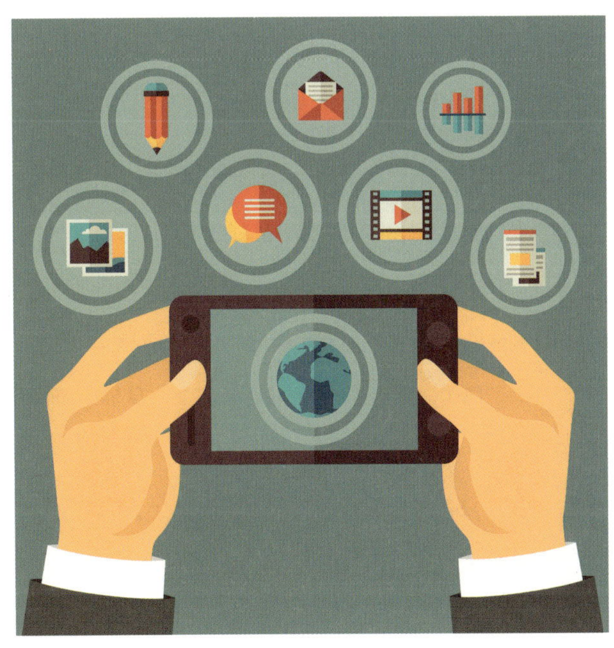

오늘 여러분의 하루는 어땠는가? 인터넷과 스마트폰이 없는 하루를 상상할 수 있겠는가? WWW(World Wide Web, 월드 와이드 웹)라는 낯선 이름으로 처음 우리를 찾은 '인터넷' 세상이 이제 단 하루도 떨어져 살 수 없는 절친 같은 존재가 되었다. 미국의 다국적 기업 '시스코 시스템즈(Cisco Systems)'에서 발표한 보고서(2020)에 따르면 2020년에는 전 세계 인구의 64%(약 50억 명)가 인터넷을 사용했다. 또 영국의 스톡앱스(StockApps)에 따르면 2021년 7월에는 전 세계 휴대폰 사용자 수가 거의 53억 명에 이르렀다고 한다. 이는 세계 인구의 67%에 해당한다. '월드 와이드 웹'이라는 인터넷 세상이 시작된 게 1990년 12월 20일이니 이 모든 변화가 불과 30년 정도 만에 생긴 일이다. 그 짧은 기간 인터넷이 불러온 우리 일상의 변화가 참으로 놀랍다.

QUIZ 1

※ 글의 내용으로 맞으면 O, 틀리면 X 하십시오.

1) IT라는 용어는 보통 정보 기술과 통신 기술을 모두 포함하는 의미로 사용된다.

2) 몸과 마음이 너무 피곤한 날에는 스마트폰 같은 IT 기기도 사람들에게 즐거움을 주지 못한다.

3) 현재 세계 인구의 절반 이상이 휴대폰 등을 통해 인터넷을 이용하고 있다.

※ 빈칸에 알맞은 말을 쓰십시오.

4) _________은 이전의 제도나 방식 등을 완전히 바꿔 근본적으로 고치는 일을 말한다. 인류의 생활을 가장 크게 변화시킨 것으로 '농업 _________'과 '산업 _________'을 꼽을 수 있다. 그리고 지금은 인공 지능과 로봇, '빅 데이터(big data)' 등이 발달하고 사회 전체가 더 많이, 더 빠르게 연결되는 '4차 산업 _________'의 시대이다. 한편, 가격이나 기술, 품질 등에 큰 변화가 생겨 좋아졌을 때도 '가격 _________', '기술 _________', '품질 _________'과 같이 _________이라는 단어를 사용해 표현한다.

5) 다른 누구보다 친한 사람과의 관계를 이야기할 때 '________한 사이'라고 한다. 요즘은 ________이라는 표현을 주로 그렇게 친한 친구의 줄임말로 사용한다. 또 여러 친구 중에 '진정한 친구', '진짜 친구'는 줄여서 '찐친'이라고 한다.

활동 여러분은 화장실에 갈 때 ① 스마트폰을 가지고 갑니까? 왜 그렇게 합니까? ② 스마트폰을 잊어버린 채 외출을 했을 때 기분이 어떻습니까? 혹시 불안하고 허전한 마음이 듭니까? 그럴 때 어떻게 합니까?

①

②

IT 혁명, 인공 지능 시대의 시작

IT 정보·통신 기술은 우리가 사는 세상, 우리의 일상에 크나큰 변화를 가져왔다. 하지만 지금까지의 변화는 단지 시작에 불과하다. 인공 지능(AI) 기술이 발달하면서 변화 속도가 더욱 빨라지고 있기 때문이다. 그동안 일반인에게 인공 지능은 그다지 **친숙한** 대상이 아니었다. 현실과는 거리가 먼 책이나 영화에 등장하는 소재 정도로 여겨졌다. 그러던 중 인공 지능이 우리들 가까이 다가온 아주 특별한 이벤트가 마련되었다. 2016년 대한민국 서울에서 개최된 한 바둑 경기가 그것이다.

이 경기에 세상의 관심이 집중된 이유는 이것이 인간 대 인공 지능 간의 **대결**이었기 때문이다. 인간 대표는 대한민국의 이세돌 **9단**이었고 인공 지능 대표는 구글(Google)에서 개발한 '알파고(AlphaGo)'라는 인공 지능이었다. 다섯 번의 게임에서 알파고는 대부분의 예상을 깨고 4승 1패로 승리했다. 인간이 승리한 한 차례의 경기 역시 이세돌 9단의 **'신의 한 수'**가 없었다면 아마 불가능했을 것이라고 한다. 분야에 따라 조금씩 다르기는 하지만 특정 영역에서 인공 지능은 이미 인간의 능력을 뛰어넘었다. 놀라운 사실은 이게 단지 시작일 뿐이라는 것이다.

　최근에는 미국의 '오픈 에이아이(OpenAI)'라는 기업에서 개발한 챗지피티(ChatGPT)라는 '대화형 인공 지능'이 전 세계적으로 열풍을 일으키고 있다. 챗지피티는 기존의 검색 프로그램과 달리 인간의 질문(GPT-4o는 텍스트를 통해 대화했던 기존 챗지피티와 달리 이용자와 실시간 음성 대화를 통해 소통하며, 텍스트·음성뿐 아니라 이미지 인식도 가능해짐)이나 요구에 직접적으로 답을 찾아 알려 준다. 궁금한 내용에 답을 해 주는 것은 물론 우리가 요구하는 대로 글을 쓰거나 그림을 그려 주기도 한다. 심지어 음악 작곡, 영상 제작(오픈 에이아이에서 선보인 영상 생성형 인공 지능 소라(Sora))도 가능하며 '애플리케이션(application)' 등 다양한 프로그램을 만들어 줄 수도 있다. 음성 대화 시스템을 통해 외국어 회화 연습을 할 수도 있고 챗지피티와의 대화를 통해 공부나 일에 필요한 좋은 아이디어를 얻을 수도 있다.

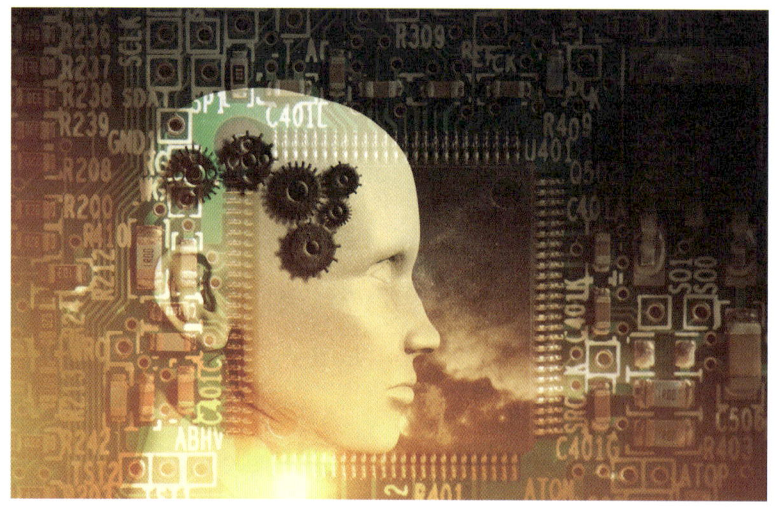

　잘만 활용하면 인공 지능은 우리 생활에 큰 도움이 될 수 있을 것으로 보인다. 다만, 인공 지능이 발달하다 보면 언제든 예상하지 못한 문제가 발생할 수 있다.

**인공 지능의 발달이 두려운 이유는 인공 지능이 무엇을 아는지,
그것을 왜 알게 되었는지를 우리가 알 수 없기 때문이다.**

　인공 지능의 발달을 우려하는 전문가들의 의견이다. 하루가 다르게 발전하고 있는 인공 지능 기술이 과연 우리에게 어떠한 미래를 선사할지 궁금하다. 다만, 인공 지능의 발

달이 종종 영화에서 그려지는 것처럼 인류 **파멸**로 이어지지는 않을까 하는 두려움도 없지 않다.

※ 글의 내용으로 맞으면 O, 틀리면 X 하십시오.

1) IT 정보 통신 기술은 인간에게 친숙한 것이 아니어서 우리의 생활에 큰 변화를 주지는 못했다.

2) 인간과 인공 지능의 바둑 대결은 많은 사람의 예상처럼 인간의 승리로 끝났다.

3) 인공 지능은 우리 생활에 여러 가지로 도움이 되도록 인간에 의해 만들어진 것이므로 인간에게 위협이 될 문제를 일으킬 가능성은 없다.

※ 빈칸에 알맞은 말을 쓰십시오.

4) '__________'는 바둑에서 유래한 말이다. 주로 어떤 문제를 해결할 수 있는 아주 탁월한 선택이나 행동을 했을 때 사용되는 표현이다. 여기에 사용된 '수'는 어떤 기술이나 수준 등의 뜻을 가진 말이다. 어떤 문제를 해결하거나 피할 특별한 방법이 없을 때 '뾰족한 수', ' 좋은 수'가 없다'거나 '어쩔 수 없다'와 같이 표현한다.

5) __________은 '파괴되어 없어지는 것'이다. 있던 것이 사라진다는 점에서 '소멸'과 뜻이 비슷하다. '소멸'은 없던 것이 새로 생기는 것을 뜻하는 '생성'의 반대말이다. 또 싸움이나 전투에서 모두 죽거나 없어지는 것은 '전멸', 어떤 종류의 동물이나 식물이 하나도 남지 않고 없어지는 것은 '멸종'이라고 한다.

 지금보다 더 똑똑하고 더 많은 것을 할 수 있는 인공 지능이 있다면 여러분은 인공 지능에게 어떤 것을 물어보고 싶습니까? 2013년 개봉작 영화 Her(2019년 재개봉, 호아킨 피닉스, 스칼렛 요한슨 주연)는 인공 지능과 사랑에 빠진 남자에 관한 이야기입니다. 인간과 인공 지능의 사랑, 여러분은 이것에 대해 어떻게 생각합니까?

1) 선생님, 저는 인공 지능에게 이런 것을 물어보고 싶어요.

①

②

③

2) 그리고 인공 지능과 인간의 사랑에 대해 이렇게 생각해요.

①

②

③

인공 지능, 그리고 미래 사회

※ 여러분은 인공 지능이 발달하면 우리의 직업에 어떤 변화가 생길 거라고 생각합니까? 앞으로 사라지게 될 직업에는 어떤 것들이 있을까요? 또 50년 후 미래에도 남아 있는 직업은 무엇일까요? 왜 그렇게 생각합니까?

1) 선생님, 저는 인공 지능이 발달하면 이런 직업은 없어질 것 같아요.

①

②

③

④

⑤

2) 하지만 인공 지능이 아무리 발달해도 이런 일들은 인공 지능이 하기 어려울 것 같아요.

①

②

③

④

⑤

IT 기술은 하루가 다르게 빠른 속도로 발전하고 있다. 100년 전, 1,000년 전 과거에 살던 사람들은 지금과 같은 세상을 상상조차 할 수 없었을 것이다. 시간 여행이 가능해져서 100년 전, 1,000년 전 과거로 돌아가 지금 세상의 모습을 알려 준다면 그들이 과연 우리의 말을 사실이라고 믿어 줄까? 아니 조금이라도 이해할 수 있을까? 아무리 그 시대의 뛰어난 과학자라고 해도 직접 경험해 보지 못한 미래의 세상을 상상하는 데는 큰 어려움이 따를 것이다.

AI가 바꿔 놓을 미래 사회의 모습은 어떨까? 어떤 모습이 떠오르는가? 영화 등에서 접했던 경험을 토대로 미래 세계의 모습을 떠올려 볼 수 있을 것이다. 하지만 구체적으로 세상이 어떻게, 또 어느 정도까지 변할지는 쉽게 예상하기 어렵다. 사실 우리가 지금처럼 세계 여기저기를 오고 가며 언제 어디서나 인터넷을 통해 필요한 정보를 주고받을 수 있게 된 것도 그렇게 오래된 일이 아니다. 인터넷이 없던 시절에 어떻게 지금의 사회를 생각할 수 있었겠는가? 다만, 다수의 **미래학자**들이 미래 사회의 핵심 키워드로 'AI'를 꼽고 있으니 이를 **토대로** 어느 정도 상상해 볼 수는 있겠다.

▌인공 지능의 정의와 유형

'챗지피티(ChatGPT)'가 세상의 화제가 되며 다들 인공 지능, 인공 지능 하는데 과연 인공 지능이라는 것은 무엇일까? '인간의 지능이 가지는 학습, **추리**, **논증** 따위의 기능을 갖춘 컴퓨터 시스템.' 사전에 나와 있는 인공 지능에 대한 설명이다. 인간의 지능을 인공적인 컴퓨터 시스템, 또는 프로그램을 통해 비슷하게 만들어 낸 것 정도로 이해할 수 있다.

인공 지능이라는 것이 아직 그다지 친숙하게 느껴지지는 않지만 사실 인공 지능 기술은 우리가 매일 사용하는 인터넷과 스마트폰 등에 이미 생각 이상으로 많이 적용되어 있다. 목적지까지 가장 빠른 길, 편한 길 등을 안내해 주는 네비게이션(navigation) 기능은 물론 스마트폰 카메라에서 자동으로 초점을 맞춰 주는 '얼굴 인식' 기능, 우리의 음성을 인식하여 음악을 들려주거나 정보를 검색해 주는 '음성 인식' 기술 등이 모두 인공 지능 기술에 의한 것이다. 또 자주 사용하는 인터넷 사이트에서 자동으로 이것저것 추천해 주는 것, 외국 영상을 볼 때 자동으로 자막을 만들어 주는 서비스에도 인공 지능 기술이 적용되어 있다. 최근에는 스마트폰에 **실시간** 통역 등 AI 기능을 적용한 'AI 폰'이 나와 큰 인기를 얻고 있기도 하다.

인공 지능은 크게 약한 인공 지능(weak AI)과 강한 인공 지능(strong AI)의 두 가지로 구분된다. 앞에서 이야기한 것들, 그리고 이세돌 9단과 바둑 경기를 했던 구글의 '알파고'가 바로 약한 인공 지능에 해당된다. 인간과 같은 **종합적인** 인지 기능이 아니라 제한된 특정 인지 기능에 초점을 맞추고 있는 인공 지능이다.

반면, 강한 인공 지능은 인간의 두뇌처럼 다양한 작업을 수행할 수 있도록 한 것을 말한다. 스스로 학습하고 성장하며, 언어·영상·음성 등으로 이루어진 정보를 분야를 가리지 않고 습득하기 때문에 '범용 인공 지능(AGI, Artificial General Intelligence)'이라고도 부른다. 영화 '아이언 맨'에 나오는 인공 지능 비서 '자비스'가 바로 이러한 종류의 인공 지능에 해당된다. '범용 인공 지능'은 인간의 명령이 없어도 스스로 판단하고 일을 처리할 수 있다는 점에서 인류의 미래에 큰 도움이 될 수 있다. 하지만 범죄에 이용되거나 인간의 통제를 벗어날 가능성 등으로 인해 이를 우려하는 목소리도 적지 않다.

QUIZ 1

※ 글의 내용으로 맞으면 O, 틀리면 X 하십시오.

1) IT 기술의 발달로 이제는 미래 사회의 모습을 큰 어려움 없이 알 수 있게 되었다.

2) 인공 지능 기술은 최근에 발전한 것이어서 아직 우리의 생활 속에서는 찾아보기 어렵다.

3) 강한 인공 지능은 인간이 뭔가를 하나하나 지시하거나 시키지 않아도 스스로 학습하며 다양한 일을 할 수 있다.

※ 빈칸에 알맞은 말을 쓰십시오.

4) __________은 '실제 시간과 같은 시간'이라는 뜻이다. 정보 · 통신 기술의 발달로 이제는 멀리 떨어진 외국에서 진행되고 있는 경기를 자기 집에서 같은 시간에 '__________으로' 볼 수 있는 세상이 되었다. 이렇게 어떤 일이 진행되고 있는 바로 그 시간에 다른 곳에서도 시청자가 동시에 함께 볼 수 있는 방송을 '__________ 방송'이라고 한다. 이것의 반대는 '녹화 방송'이다.

5) 한두 가지 분야에 제한되지 않고 여러 가지로 널리 사용할 수 있는 것을 __________이라고 한다. 코로나 __________ 백신과 같이 사용된다. 한편 '겸용'은 '유무선 겸용'처럼 한 가지를 여러 목적으로 사용한다는 뜻인데, 최근에는 우산 겸 양산으로 쓸 수 있는, 즉 겸용할 수 있는 '우양산'이라는 것이 인기이다. '전용'은 한 가지 목적으로만 쓰거나 다른 사람과 공동으로 쓰지 않고 혼자서만 쓴다는 뜻이다. '버스 전용 차선', '축구 전용 구장', '대통령 전용기' 등과 같이 사용된다.

인공 지능과 미래 사회

인공 지능이 일상화된 미래 사회는 어떤 모습일까? 앞에서도 일부 소개했지만 인공 지능은 이미 수많은 곳에 이용되어 우리의 생활을 편리하게 만들고 있다. 많은 기업에서 AI 챗봇(Chat Bot)을 이용해 24시간 고객을 응대하고 있으며, AI 추천 알고리즘 등을 통해 수많은 인터넷 서비스가 고객들의 특성에 맞춰 맞춤형으로 운용되고 있다. 병원, 연구소 같은 곳에서는 질병의 조기 발견, 치료 등에 활용되고 있고 교통 분야에서도 자율 주행 등에 적용되고 있다.

이러한 미래 사회의 모습을 보다 직접적으로 체험해 보고 싶다면 자동화된 공장(smart factory)에 견학을 가 보는 것도 좋은 방법이다. 사람을 찾아보기 힘든 넓은 공장, 스스로 작업을 해 나가고 있는 자동화된 시스템과 각종 산업용 로봇 등을 볼 수 있을 것이다. 아직도 공장이라고 하면 바쁘게 움직이는 많은 사람들로 복잡하고 소음과 먼지 등이 가득한 그런 장소를 생각하는 사람들이 많을 텐데 그렇지 않다.

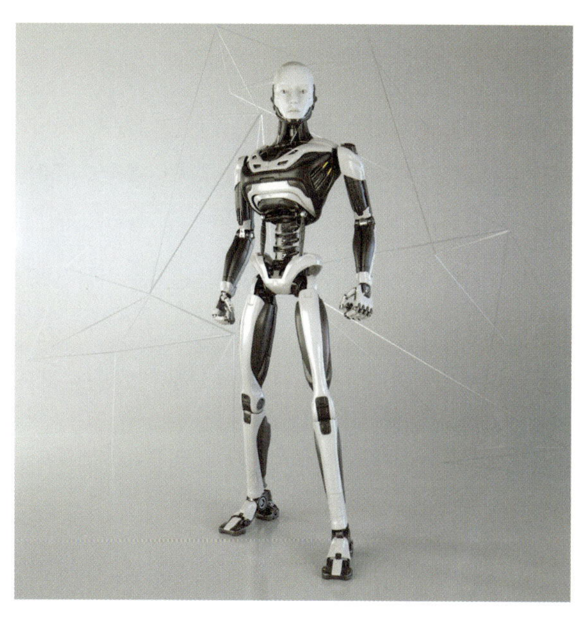

'딥 러닝(deep learning)' 같은 방법을 통해 인공 지능은 어느 순간 '초인공 지능(Artificial Super Intelligence, 약칭 초지능)'으로 발전될 것이다. 그렇게 되면 그동안 인간이 해 오던 단순하고 반복적인 수많은 일들이 AI 로봇으로 대체될 것이다. 위험하고 힘든 노동을 로봇에 맡기는 대신 인간은 더 가치 있고 창의적인 일에 집중할 수 있게 된다. 다만 로봇에 의해 할 일이 줄어든 인류에게 이를 대체할 만큼의 새로운 무언가가 주어질 수 있느냐에 대해서는 아직 명확한 답을 가지고 있지 못하다.

인공 지능이 발전하여 모든 면에서 인간보다 더 뛰어난 인공 지능, 초지능이 등장하는 시점을 '기술적 특이점'(technological singularity)이라 한다. 특이점 이후의 시대가 어떤 모습일지, 그때가 되면 어떤 세상이 펼쳐질지 우리는 알지 못한다. '판도라의 상자'가 열릴 수도, 모두가 꿈꾸던 유토피아(utopia)가 펼쳐질 수도 있다. 인류가 해결하지 못하고 있는 수많은 문제들이 어쩌면 너무도 간단하게 해결될 수 있을지도 모른다. AI의 급격한 발전에 대해 두려움을 나타냈던 '스티븐 호킹' 박사의 우려와 달리 인공 지능이 전 인류의 생존과 발전을 위해 멋진 대안이 되길 기대해 본다.

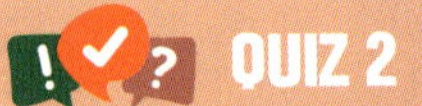

※ **글의 내용으로 맞으면 O, 틀리면 X 하십시오.**

1) 자동화된 공장은 분주히 움직이는 로봇과 많은 사람들로 가득하여 복잡하고
   시끄럽다.

2) 인공 지능이 발달하여 '초인공 지능'이 등장하면 인간은 아무 일도 할 필요가
   없어진다.

3) 스티븐 호킹 박사는 기술적 특이점 이후의 세상에 대해 긍정적으로 보았다.

※ **빈칸에 알맞은 말을 쓰십시오.**

4) __________는 찾아온 손님을 맞이하여 안내하거나 '접대'하는 일이다. 그런
   일을 하는 장소는 '응접실'이다. 공식적인 행사에서 손님을 맞는 것은 '접견'이고
   그것이 이루어지는 장소는 '접견실'이다. 한편 손님을 환영하여 잘 대접하는
   것은 '환대', 그 반대는 '홀대'이다.

5) 자동차나 기차 등이 달려가는 것을 __________이라고 한다. 속도를 줄여 천천히
   달리는 것은 '서행'이다. 또 주요 역에만 멈추면서 목적지까지 빨리 가는 것은
   '급행', 그렇게 가는 열차는 '급행 열차', 버스는 '급행 버스'이다. 한편 사람이
   걸어가는 것은 '보행', 비행기가 날아가는 것은 '비행'이다. 또 계속 앞으로
   나아가야 발전하는데 그러지 못하고 뒤로 가는 것은 '퇴행', 일정한 방향이나
   순서와 반대 방향으로 가는 것은 '역행'이다.

활동 여러분은 앞으로 어떤 로봇이 만들어지면 좋겠습니까? 그런 로봇이 있으면 뭘
하거나 시키고 싶습니까?

①

②

③

IT 강국, 코리아

※ 여러분은 '한국'이라는 나라에 대해 생각할 때 어떤 것들이 떠오릅니까? 그것 중에 한국을 대표할 수 있는 것 한두 가지만 고른다면 무엇이라고 생각합니까? 왜 그렇게 생각합니까?

1) 선생님, 저는 한국 하면 이런 것들이 떠올라요.

①

②

③

④

⑤

2) 그것들 중에 이게 가장 대표적이라고 생각해요.

①

②

3) 그게 이런 점에서 중요하기 때문이에요.

①

②

③

④

⑤

　　최근에는 한국 하면 음악, 드라마, 영화와 같은 한국의 문화를 떠올리는 외국인이 대부분이다. 하지만 예전에는 삼성, LG로 대표되는 한국의 기업이나 빠른 인터넷 속도 등 IT와 관련된 것들이 첫째로 꼽혔다. 10여 년 전 미국의 뉴스 전문 채널 CNN 방송에서는 '여행을 계획하세요(Plan a trip)'라는 프로그램을 통해 전 세계 주요 국가를 소개했다. 이 프로그램에서 한국은 미국, 캐나다, 프랑스 등에 이어 9번째로 방송되었다.

'IT 기술이 가장 앞선 나라, 아름다움과 관련해 가장 **진화한** 나라, **과도한** 노동으로 쌓인 스트레스를 **폭탄주**로 푸는 나라', '국토 면적은 세계에서 109번째일 정도로 작지만 '레이디가가(Lady GaGa, 미국의 대중 가수)'를 뛰어넘는 '케이팝' 스타들이 넘치고 '갤럭시' 스마트폰을 생산하는 나라'가 바로 한국이라며 CNN은 '한국이 세계에서 가장 뛰어난 10가지'를 보여 주었다. 그중 첫 번째로 꼽힌 것이 바로 세계적인 수준의 인터넷과 스마트폰 문화이다. CNN에서는 한국의 높은 인터넷 보급률과 스마트폰 이용률을 소개하면서 한국인들은 스마트폰을 사용해 쇼핑하고, TV를 보며, 지하철까지 이용하는 **최첨단** 기술의 국가라고 전했다. 그러면서 '미래를 체험하고 싶다면 한국으로 가라', '한국행 비행기표를 끊으라'고 조언하기도 했다.

CNN에서 소개한 것처럼 한국의 인터넷과 스마트폰 보급률은 세계 최고 수준이다. 미국의 조사 기관 '퓨 리서치(Pew Research)'에서 발표한 보고서(2018년)에 따르면 한국인의 스마트폰 보유율은 95%로 조사됐다. 나머지 5%도 일반 휴대 전화를 사용하고 있어 조사 국가(27개 국가 30,133명 대상) 중 유일하게 전체 인구가 휴대 전화를 **보유하고** 있는 것으로 나타났다. 이스라엘(88%), 네덜란드(87%), 스웨덴(86%)이 그 뒤를 이었다.

세대 간의 스마트폰 보유율 격차 역시 한국이 가장 낮은 것으로 조사되었다. 18~34세는 스마트폰 보유율이 99%에 달했으며 50세 이상 중장년층도 91%로 조사돼 그 차이가 겨우 8%밖에 안 됐다. 11%의 차이를 보인 이스라엘을 제외한 대부분의 나라가 적게는 29%, 많게는 65%의 격차를 보인 것을 고려할 때 한국의 결과는 믿기 어려울 정도이다. 더욱 놀라운 사실은 50대 이상에서도 스마트폰 보유율이 91%나 되었다는 점이다. 한국인들이 어른이나 아이나 할 것 없이 스마트폰 같은 최신 기기의 사용에 얼마나 친숙하며 적극적인지를 보여 주는 결과이다. IT 강국다운 모습이다.

※ 글의 내용으로 맞으면 O, 틀리면 X 하십시오.

1) 스마트폰, 인터넷 속도 등 한국의 IT 기술은 예전이나 지금이나 한국을 대표하는 것 중의 하나이다.

2) CNN 방송에서는 한국 소개 프로그램을 모두 9번 방송했다.

3) 한국이 IT 강국이기는 하지만 50대 이상의 스마트폰 보유율은 젊은 층과 큰 차이를 보이고 있다.

※ 빈칸에 알맞은 말을 쓰십시오.

4) 어떤 것의 정도가 너무 지나칠 때 '________하다'고 한다. '________한 비난/음주/흡연'과 같이 사용된다. 참고로 어떤 것이 지나치게 많은 것은 '과다', 속도가 지나치게 빠른 것은 '과속', 지나치게 많이 사용하는 것은 '과용' 또는 '남용', 술을 많이 마시는 것은 '과음'이다.

5) ________은 뭔가를 파괴하거나 살아 있는 것을 죽이기 위해 사용하는 '폭발물'이다. 이것이 주변에서 터지면 크게 다치거나 죽을 수도 있다. '________주'도 그렇다. 보통 소주 조금하고 맥주를 섞어서 만드는 '소맥'은 한국에서 즐겨 마시는 술인데 빨리 취하게 만들어서 가끔은 사람을 위험?해지게 한다. 또 연예인이나 유명 인사들 중에는 전혀 예상하지 못한 '________ 선언'을 해 사람들을 깜짝 놀라게 만들기도 한다.

활동 여러분은 언제(몇 살)부터 스마트폰을 사용했습니까? 스마트폰 전에 다른 통신 기기(일반 휴대폰, 삐삐)를 사용해 본 경험이 있습니까? 어땠습니까?

1) 선생님, 저는 이때 스마트폰을 처음 가지게 되었어요.

2) 스마트폰을 쓰기 전에는 이런 통신 기기를 써 봤어요.

①

②

③

초고속 통신망

한국이 IT 강국으로 발전할 수 있었던 원동력은 무엇일까? 바로 '초고속 통신·인터넷 망'이다. 1998년, 국가 부도의 위기에 처했던 대한민국은 IMF로부터 구제 금융을 받아 겨우 위기를 벗어났다. 그리고 그해 대통령으로 취임한 김대중 대통령은 한국을 IT 강국으로 만들기 위한 국가 차원의 발전 계획을 세웠다. 무너진 경제를 다시 살리고 자원이 부족한 한국 경제를 발전시키는 길이 정보·통신 혁명에 있다고 판단하였다.

IT 강국으로 발전하기 위해 가장 먼저 해야 할 일은 한국 사회 곳곳을 '초고속 인터넷망'으로 연결하는 일이었다. 산업 사회로 발전하기 위해 물건을 운송하는 고속도로가 필요하였듯 정보·통신 선진국으로 발전하기 위해서는 정보의 운송을 위한 '인터넷망'이 필수적이었기 때문이다. 이에 김대중 대통령은 '초고속 인터넷망' 설치를 국가 차원의 최우선 과제로 삼았다. 그리고 2000년 12월 전국 144개 주요 지역을 '초고속 정보·통신망'으로 연결하는 '정보 고속도로'를 개통했다. 그 결과 5년 뒤, 임기가 끝날 때쯤에는 인터넷 가입자가 2,700만 명을 넘는 IT 강국으로 불리는 나라가 되었다.

이러한 성과는 실제로 각종 조사 결과를 통해서도 확인할 수 있다. 2013년 '뉴욕 타임즈'의 한 기사에서는 한국의 인터넷 속도를 세계 1위라고 평가했고, '아카마이(Akamai, 세계적인 인터넷 속도 조사 업체) 코리아'에서 발표한 '2017년 1분기 인터넷 현황 보고서'에도 한국의 인터넷 연결 속도가 세계에서 가장 빠른 것(28.6Mbps)으로 나타났다. 이는 그때 당시 세계 평균 인터넷 속도(7.0Mbps)보다 무려 4배나 빠른 것이었다. 또한 '국제 전기 통신 연합(ITU)'에서 발표한 '2017년도 정보 통신 기술(ICT) 발전 지수'에서 한국은 조사 대상 176개국 중 2위를 차지했다.

전문가들은 지난 20년이 인터넷과 스마트폰의 세상이었다면, 이후 20년은 AI와 '빅 데이터(big data)'의 시대가 될 것으로 예상한다. ICT 지수가 처음 발표된 2009년 이후 줄곧 1~2위를 차지해 온 IT 강국 한국이 과연 AI와 '빅 데이터(big data)'의 시대에도 그러한 경쟁력을 유지할 수 있을까? 비록 한국에서 개발하지는 못했지만 챗지피티(ChatGPT), '생성형 AI(Generative AI)'의 활용 방안이 사회 곳곳에서 화제가 되고 있는 것을 보면 전망이 그다지 어둡지는 않은 듯하다. 여러분의 생각은 어떤가?

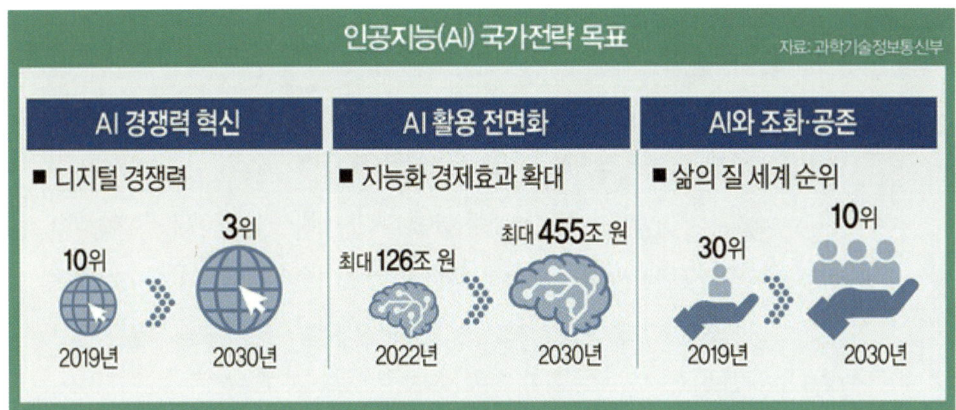

〈출처: K-공감누리집〉

QUIZ 2

※ 글의 내용으로 맞으면 O, 틀리면 X 하십시오.

1) 김대중 대통령은 한국을 IT 강국으로 만들기 위해 IMF로부터 구제 금융을 받았다. ☐

2) 한국은 IT 강국으로 발전하기 위해 물자를 빠르게 운송할 수 있는 고속도로를 개통하였다. ☐

3) 2010년대까지 한국은 인터넷 속도만 빨랐지 정보 통신 기술의 발전 수준은 그다지 높지 않았다. ☐

※ 빈칸에 알맞은 말을 쓰십시오.

4) _________은 어떤 단체나 기업, 국가의 대표(각종 기관장, 사장, 회장, 장관, 총리, 대통령 등)로 뽑혀 자신에게 맡겨진 일을 시작하는 것이다. 그때 하는 행사는 '_________식'이고 그 자리에서 앞으로의 계획 등을 이야기하는 것은 '_________사'이다. 그렇게 정해진 '임기' 동안 자신이 맡은 일, 즉 '소임'을 다하면 '임기'가 끝난다. 이것은 '퇴임'이라고 한다.

5) __________은 자동차나 기차 등에 사람이나 물건을 '실어서 보내는 것'을 뜻하는 말이다. 그래서 자동차, 배, 기차, 비행기 등을 '__________ 수단'이라고 한다. 이런 '__________ 수단'을 운전하여 다니는 것은 '운행'이다. '심야 버스 운행', '지하철 운행 시간'과 같이 사용된다. 한편 배나 비행기가 다니는 것은 __________이 아니라 '운항'이라고 한다. '안전 운항, 운항 요금, 운항 정보' 등과 같이 사용된다.

활동 1 여러분이 한국이라는 나라에 대해 처음 알게 된 것은 ① 어떤 사람, ② 어떤 것(음악, 영화, 드라마, 음식 등)을 통해서였습니까?

①

②

활동 2 ① 외국인들이 여러분의 나라에 대해 생각할 때 가장 먼저 떠올리는 것은 무엇일까요? ② 또 여러분의 나라, 여러분이 사는 지역에서 유명한 것은 무엇입니까?

①

②

제7장

한국의 교육

1. 대한민국 교육의 뿌리, 홍익인간
2. 한국 교육의 발전 과정
3. 한국 교육의 성장통, 그리고 나아갈 길

🎯 학습 목표

1 이상적인 교육 이념으로서 홍익인간의 정신과 가치에 대한 글을 읽고 이해할 수 있다.

2 한국 교육의 발전 과정에 대한 글을 통해 한국 교육의 특징에 대해 이해할 수 있다.

3 입시 중심의 한국 교육에 대한 글을 읽고 그 문제점 및 개선 방향에 대해 이해할 수 있다.

※ 여러분은 지금까지 받아 온 교육 중 가장 기억에 남는 것이 무엇입니까? 어떤 선생님, 어떤 수업이 가장 인상적이었습니까? 이유는 무엇입니까?

1) 선생님, 저는 학교에서 했던 일 중에 이게 가장 기억에 남아요.

①

②

③

④

⑤

2) 그리고 ① 가장 좋았던 선생님은 이 선생님이에요. ② 그 선생님은 이런 분이셨거든요.

①

②

3) 수업 중에는 ① 이 과목이 가장 좋았고 ② 이런 과목은 싫었어요.

①

②

교육이란 무엇일까? '교육'이란 단어를 이루고 있는 글자의 뜻을 통해 그 의미를 살펴볼 수 있다. '교육'은 가르친다는 뜻의 '교'와 기르고, 양육한다는 뜻의 '육'이 결합되어 있는 글자이다. 알지 못하는 것을 가르침으로써 배움과 깨달음을 얻어 성장하고 성숙해지게 하는 것을 교육이라고 본 것이다. 그러므로 교육은 근본적으로 인격을 형성하고 성장시키기 위한 것이 되어야 한다. 단순히 지식이나 기술을 전달하는 수단이어서는 안 되는 것이다. 당연히 교육의 방향, 내용과 방식도 이에 따라 이루어져야 한다.

모든 일에는 분명한 목적이 있어야 한다. 교육에 앞서 교육의 목적을 무엇으로 할 것인지를 분명히 할 필요가 있다. 그렇다면 현대 사회에서 바람직한 교육의 목적은 무엇일까? 글로벌(global) 시대에 적합한 교육의 목표와 실천 방안은 여전히 많은 교육 전문가들이 고민하는 문제이다. **창의적인** 인재 양성을 말하는 사람도 있고 **전인 교육**의 중요성을 강조하기도 한다. 모두 맞는 말이며 무엇 하나 소홀히 하기 어렵다. 다만, 그 중요성에 맞게 보편적이고 종합적인 차원에서 목표가 설정되어야 한다. 더불어 한국인 누구나 공감할 수 있는 가장 한국적이고 보편적인 **철학**과 가치를 담고 있는 것이라면 더없이 좋을 것이다.

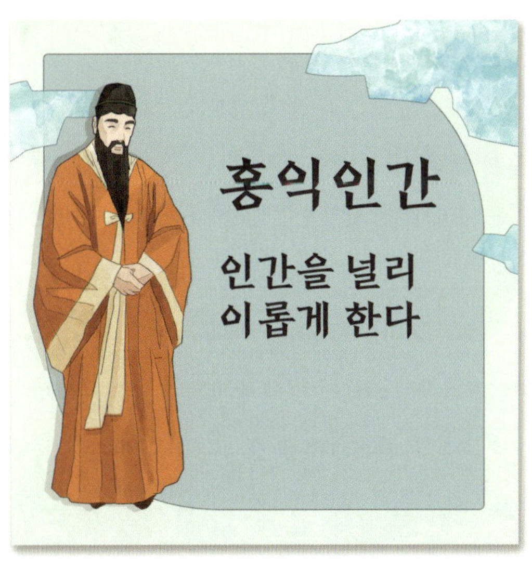

고조선의 건국 **이념**인 '홍익인간'이 바로 그러하다. '홍익인간'은 '인간 세상을 널리 이롭게 한다'는 뜻으로 대한민국 최초의 교육 이념이라 할 수 있다. 홍익인간은 한국의 건국 신화인 '단군 신화'에 등장하는 내용이다. 대한민국이라는 나라가 자신이 아니라 상대방과 타인을 먼저 생각하는 철학적 가치 위에 세워졌음을 잘 보여 준다. 따라서 홍익인간의 정신에 따른 교육에서는 인간 세상에 도움을 주고자 하는 마음과 능력을 가진 인재의 양성, 권력이나 돈이 아니라 인간을 위한 봉사와 노력이 강조된다. '홍익인간'만큼 한국적인 가치가 잘 담겨 있는 이념과 철학은 없는 듯하다. 참고로 '홍익대학교'라는 대학 이름 역시 그러한 뜻에서 붙여진 것이다.

서로가 상대방을 이롭게 하는 '홍익인간'의 정신에 따라 교육이 이루어진다면 현대 사회에서 발생하는 많은 문제가 해결될 수 있을 것이다. 다문화 사회에 접어든 한국의 현실에서는 더욱 그렇다. 홍익인간이 나와 다른 것, 다른 사람을 존중하고 배려하며 서로에게 도움이 되는 행동을 하자는 것이니 말이다. 글로벌 시대, 다문화 사회를 눈앞에

둔 한국에 '홍익인간'의 정신이 피어나길 기대해 본다.

※ 글의 내용으로 맞으면 O, 틀리면 X 하십시오.

1) 교육에서 가장 중요한 일은 지식이나 기술을 전달하는 것이다. ☐

2) 현대 교육의 가장 중요한 목적은 창의적인 인재를 기르는 것이다. ☐

3) 홍익인간은 아주 오래전의 건국 신화에 나오는 내용이기 때문에 현대의 교육
   이념으로는 적합하지 않다. ☐

※ 빈칸에 알맞은 말을 쓰십시오.

4) __________은 아이가 잘 자랄 수 있도록 기르고 보살피는 것이다. 일반적으로
   아이의 부모가 '__________자'가 되는데 이혼 가정의 경우 영화나 드라마에서
   처럼 부모 중에 누가 아이를 키울 것인지에 대한 '__________권' 문제가 생긴다.
   한국은 저출산이 국가적으로 큰 문제가 되고 있는데 지나친 교육열 등으로 인한
   '__________비' 부담이 중요한 원인 중 하나이다.

5) __________은 세종대왕이 살던 시대의 국가 이름이다. 그런데 '단군'이 건국한
   한국 최초의 국가도 __________이어서 이름이 같다. 그래서 먼저 만들어진
   나라를 '고__________'으로 하여 구별한 것이다. 사실 지금도 __________
   이라는 이름의 나라가 있다. 바로 북한이다. 우리는 국가 명칭으로 '한국'을
   사용해 남한, 북한이라 하지만 북한에서는 국가명으로 '조선'을 사용하고 있다.
   그래서 남한과 북한을 각각 '남__________', '북__________'이라고 한다.

 여러분은 현대 사회에서 사람들이 행복하게 성공적으로 살아가도록 하기 위해 가장 필요한 교육이 무엇이라고 생각합니까?

선생님, 저는 행복하고 성공적인 인생을 위해 이런 교육이 가장 필요하다고 생각해요.

①

②

③

1) 여러분은 한국의 '교육'에 대해 무엇을 알고 있습니까?

선생님, 저는 한국의 교육에 대해 이런 것들을 알고 있어요.

①

②

③

④

⑤

2) 다음은 학교, 교육과 관련된 신조어들입니다. 들어 본 적이 있습니까? 무슨 뜻일지 생각해 봅시다.

① 0교시:

② 야자:

③ 사당오락:

④ 일진:

⑤ 빵 셔틀:

⑥ 학폭:

⑦ 개근 거지:

⑧ 헬리콥터 맘:

⑨ 일타강사:

한국의 높은 '교육열'은 한국 경제가 유례를 찾을 수 없을 정도로 빠르게 성장할 수 있었던 **동력** 중 하나이다. 오바마 전 미국 대통령도 자주 언급했을 정도이다. 실제로 한국 학생들이 보여 주는 학업 성취도는 세계 **최상위권**을 차지하고 있다. **교육부** 보도 자료에 따르면 '국제 학업 성취도 평가(PISA) 2022'에서 한국 학생들은 또다시 우수한 성적을 거두었다. 평가에 참여한 전체 81개 나라 중 수학 3~7위, 읽기 2~12위, 과학 2~9위로 높은 순위를 기록하였다. 특히 PISA 2022 이전의 평가인 PISA 2018의 결과와 비교했을 때 다른 OECD 회원국의 경우 점수가 하락한 반면 한국은 오히려 모든 영역에서 점수가 올라갔다. PISA 2018과 대비하여 국가 순위도 상승하였다.

수학			읽기			과학		
국가명	평균	전체 순위	국가명	평균	전체 순위	국가명	평균	전체 순위
싱가포르	575	1 ~ 1	싱가포르	543	1 ~ 1	싱가포르	551	1 ~ 1
마카오 (중국)	552	2 ~ 4	아일랜드	516	2 ~ 9	일본	547	2 ~ 5
대만	547	2 ~ 6	일본	516	2 ~ 11	마카오 (중국)	543	2 ~ 5
홍콩 (중국)	540	2 ~ 6	대한민국	515	2 ~ 12	대만	537	2~ 7
일본	536	3 ~ 6	대만	515	2 ~ 11	대한민국	528	2 ~ 9
대한민국	527	3 ~ 7	에스토니아	511	2 ~ 12	에스토니아	526	4 ~ 8

〈PISA 2022 영역별 비교 결과(교육부 제공 자료)〉

이러한 한국의 교육은 사실 미국을 중심으로 한 서양의 교육 시스템을 모델로 하여 발전해 온 것이다. 한국은 1950년 전쟁으로 폐허가 된 나라를 '경제 개발 계획'에 따라 발전시키는 과정에서 교육 분야를 국가 발전의 핵심 동력으로 삼았다. 자연 자원이 거의 없었기에 풍부한 인적 자원이 무엇보다 중요했다. 초등학교 과정에 의무 교육 제도를 도입한 것을 시작으로 학교는 수준 높은 기능 노동자와 고급 인력을 양성하는 곳으로 변했다. 기술과 공업 중심 국가로 발전하는 데 필요한 인력을 양성하기 위해서였다. 또 세계적 기준에서 볼 때도 높은 수준의 예산을 교육에 투입해 교육 환경을 크게 개선했다. 교사에 대한 처우도 크게 높임으로써 양질의 교육이 이루어질 수 있도록 하였다.

그런데 세상이 순식간에 변하였다. '4차 산업 혁명'의 시대가 되면서 세상이 원하는 인재도 달라졌다. 외워서 얻은 지식과 기술에 기반한 노동자가 아니라 새로운 것을 만들어 낼 창의적인 인재가 필요한 시대가 되었다. 이에 따라 한국의 교육도 다시 변화를 꾀하고 있다. 입시 위주의 교육과 이에 따른 지나친 경쟁을 줄이기 위해 평가 방식도 기존의 상대 평가에서 성취도 위주의 절대 평가로 바꾸고 있다. 또 학생들이 스스로 자신의 미래를 계획해 볼 수 있도록 '자율 학기제'라는 것도 도입하고 진로 체험 프로그램을 확대하는 등 다양한 방안을 마련하고 있다. 그러나 이러한 노력만으로 암기 중심의 주

<u>**입시**</u> 교육, 입시 위주의 교육을 근본적으로 바꾸기는 어렵다. 입시 교육의 영향력이 너무 크기 때문이다. 혁명적 변화가 필요하다.

QUIZ

※ 글의 내용으로 맞으면 O, 틀리면 X 하십시오.

1) 코로나19로 인해 OECD 회원국 모두 PISA 2022에서의 점수가 2018년에 비해 낮아졌다. ☐

2) 한국은 전쟁(한국 전쟁, 1950년) 이후 교육 분야를 발전시키기 위해 절대 평가, 자율 학기제 같은 미국의 교육 제도를 가장 먼저 도입하였다. ☐

3) 4차 산업 혁명의 시대가 되면서 한국의 교육은 창의적인 인재를 양성할 수 있는 방향으로 완전히 변하였다. ☐

※ 빈칸에 알맞은 말을 쓰십시오.

4) __________는 높은 위치나 지위, 순위를 뜻하는 말이다. 중간 정도의 위치나 지위는 '중위', 낮은 지위나 등급, 위치는 '하위'이다. 한국 직장인의 2023년 소득을 보면 __________ 1%의 연봉은 3억 3000만 원, 중위 소득은 3,454만 원, 하위 30%는 2,200만 원이었다고 한다.

5) __________은 '던져 넣는 것'을 뜻하는 말이다. 어떤 곳에 돈을 사용하는 것은 '자본 __________', 일할 사람을 더 많이 보내는 것은 '인원 __________'이다. 또 자판기에서 동전이나 지폐를 넣는 곳은 '__________구'이다. '야구 경기'에서 공을 던지는 사람은 '투수', 투수가 공을 던지는 것은 '투구'라고 한다. 한편 이익을 얻기 위해 어떤 일에 돈이나 시간을 쓰는 것은 '투자'이다.

 여러분 나라의 교육에서 가장 중요한 것은 무엇입니까? 과거와 지금 교육에서 달라진 점이 있습니까? 어떤 점이 어떻게 달라졌습니까?

1) 선생님, 우리나라 교육에서는 이게 제일 중요한 것 같아요.

①

②

③

2) 그리고 우리나라 교육에서는 이런 점들이 과거와 달라진 것 같아요.

①

②

③

 한국 교육의 성장통, 그리고 나아갈 길

※ 여러분은 교육에 대한 만족도를 보다 높이기 위해 앞으로 '교육'이 어떻게 변해야 한다고 생각합니까? 교육을 어떤 내용과 방식으로 바꾸는 게 좋을까요?

1) 선생님, 저는 앞으로 교육이 이렇게 변해야 한다고 생각해요.

①
②
③
④
⑤

2) 그래서 이런 것들을 가르치는 수업이 있으면 좋겠어요.

①
②
③
④
⑤

3) 교육 방법도 이렇게 바뀌면 좋을 것 같고요.

①
②
③
④
⑤

한국 교육 문제의 대부분은 대학 입시 위주의 교육에서 비롯된다. 초등학교 시절부터 부족한 학업을 보충하기 위해 대부분의 아이들이 학원에 다니기 시작한다. 초등학교 고학년부터는 다른 학생보다 앞서가기 위한 **선행** 학습이 **본격적으로** 시작된다. 100m 달리기하듯 치열한 학업 경쟁이 시작되는 것이다. 수학이나 영어의 경우 자기 학년에서 배우는 것보다 짧게는 1~2년, 길게는 3~4년 이상 선행 학습을 해야 원하는 수준의 대학에 들어갈 수 있다고 한다. 이러한 환경으로 인해 학원, 과외 등 사교육의 영향과 그에 따른 부작용이 적지 않다. 학교 교육 역시 **인성** 교육, 전인 교육은 **뒤로한** 채 입시 준비 중심으로 이루어지고 있다.

강남 대치 G학원의 '초고속 선행'

※ 선행 속도 = (학습 범위 X 12개월) ÷ 학습 개월

대상	학습 범위, 6개월 기준											선행 속도
---	초2	초3	초4	초5	초6	중1	중2	중3	고1	고2	고3	---
초2												6배속
초3												10배속
초4												10배속
초5				의대 프라임 1반								12배속
초5					의대 프라임 2반							14배속
초6					의대 프라임 1반							10배속
초6						의대 프라임 2반						12배속

자료: 사교육걱정없는세상

이러한 상황은 교육을 받는 학생에게도 그러한 교육을 시켜야 하는 학부모나 교사에게도 만족스럽지 않다. OECD(경제 협력 개발 기구) '국제 학업 성취도 평가(PISA) 2022'에 따르면 한국의 '중 3~고 1' 15세 학생들 가운데 22%가 '삶에 만족하지 않는다'고 답했다고 한다. OECD 평균인 18%보다 4%포인트나 높은 수치이다. 앞선 조사(PISA 2018)에서는 이 비중이 23%로 OECD 평균 16%보다 7%포인트 높았으며, 2015년 조사에서는 22%로 OECD 평균 12%를 10%포인트나 넘는 수치였다.

또 전국 중·고등학생 5만여 명을 대상으로 실시한 한국 '**질병청**'의 건강 상태 조사 결과에서는 '최근 1년 심각하게 자살을 생각한 적이 있다'고 대답한 학생이 14.3%에 달했

다. 2005년부터 3년간은 20%를 넘었다가 2008년에 10%대로 잠시 하락한 후 2021년부터 다시 상승하는 추세이다. 이 나라의 미래를 이끌 청소년 중 상당수가 학업 스트레스로 인해 심각한 우울증과 자살 충동에 시달리고 있는 상황이다.

교육에 있어 다시 한 번 큰 변화가 필요하다. 4차 산업 혁명의 시대에 필요한 교육의 가치는 무엇인지, 이를 어떻게 교육을 통해 이루어 낼지 등 근본적인 문제에 대해 질문을 던져 봐야 할 때이다. 더 이상 교육이 개인적 성공과 출세의 수단이 되어서는 안 된다. 입시에 필요한 지식을 주입하는 것이 되어서는 안 된다. 사람을 죽이는 교육이 아니라 살리는 교육이 되어야 한다. 다른 사람과 협력하여 문제를 해결하고 정해진 답이 아니라 책에 없는 새로운 생각을 할 수 있도록 하는 교육이 되어야 한다. 백 년 뒤를 생각하며 인류 모두의 행복과 지속 가능한 발전을 위한 것이 되어야 한다.

교육은 백년지대계이다.

QUIZ

※ 글의 내용으로 맞으면 O, 틀리면 X 하십시오.

1) 학원, 과외 등의 지나친 사교육은 한국 교육의 발전을 위해 가장 먼저 해결해야 할 문제이다. ☐

2) 학생과 달리 학부모나 교사는 현재의 한국 교육에 큰 불만이 없다. ☐

3) 한국에서는 자살 충동을 느끼는 학생들이 2005년 이후 점점 줄어들고 있다. ☐

※ 빈칸에 알맞은 말을 쓰십시오.

4) __________은 '다른 것보다 먼저 해야 할 일' 또는 '앞에 있는 것'을 뜻한다. 기술 개발은 기업이 성장·발전하기 위해 먼저 해야 할 '__________ 과제'이고, 논문을 쓸 때 그 주제에 대해 먼저 진행된 연구는 '__________ 연구'이다. 반대로 지금 하는 일을 뒤에도 이어서 계속하는 것은 '후속'이라고 한다. 1편에 이어 나오는 2편, 3편 영화에 대해 '속편', '후속 편'이라 하고, 지금 진행되고 있는 과제나 연구 이후에 이루어지는 것은 '후속 과제', '후속 연구'라고 한다.

5) __________은 갑자기 어떤 행동을 하고 싶어 하는 마음이다. 우연히 보게 된 옷이 마음에 들어서 계획에 없던 구매를 하는 것은 '__________ 구매'이다. 정신적인 문제가 있어 갑자기 죽고 싶은 생각이 드는 것은 '자살 __________', 다른 사람을 죽이고 싶은 것은 '살인 __________'이다. 또 어떤 행동을 하도록 다른 사람의 마음을 움직이는 것은 '__________질'이라고 한다.

활동 여러분은 학원에 다니거나 개인 과외를 받아 본 경험이 있습니까? 언제, 어떤 학원을, 왜, 얼마나 다녔습니까?

①

②

③

제8장

역사와 인생

1. 역사란 무엇인가
2. 역사 공부, 거인의 어깨 위에 올라타는 것
3. 실패? 아니, 성공의 어머니!

🎯 학습 목표

1 역사의 의미와 중요성에 대한 글을 읽고 역사의 의의에 대해 이해할 수 있다.

2 넓은 의미에서의 역사와 인생에 대한 글을 읽고 이해할 수 있다.

3 실패와 성공, 인생에 관한 여러 명언을 읽고 이해할 수 있다.

※ 여러분은 '역사'라고 하면 가장 먼저 생각나는 것이 무엇입니까? 그리고 '역사의 가치나 중요성' 등에 대한 말이나 속담, 명언 중 알고 있는 것은 무엇입니까?

1) 선생님, 저는 역사라고 하면 이런 것들이 떠올라요.

①

②

③

④

⑤

2) 그리고 역사의 가치나 중요성에 대한 속담, 명언 중에 이런 것들이 생각나요.

①

②

③

④

⑤

'역사'라고 하면 여러분에겐 어떠한 것이 떠오르는가? 아마도 인류의 역사, 민족이나 국가의 역사, 과거의 기록과 같은 것들이 떠오르지 않을까 싶다. 맞다. 사전상으로도 역사의 의미는 '인류 사회의 변천과 흥망의 과정, 또는 그 기록'으로 되어 있다. '어떠한 사물이나 사실이 존재해 온 연혁', '자연 현상이 변하여 온 자취'와 같은 의미로도 사용된다. 이를 보면 역사의 개념에서 중요한 것은 '변천, 과정, 연혁, 변화의 자취'와 같은 것으로 보인다. 그런데 우리는 왜 인류와 국가, 민족, 자연 현상이 어떻게 변해 왔는지에 그렇게 관심을 가지는 것일까? 왜 그렇게 이미 지나간 과거의 사실을 이해하기 위해 애쓰는 것일까?

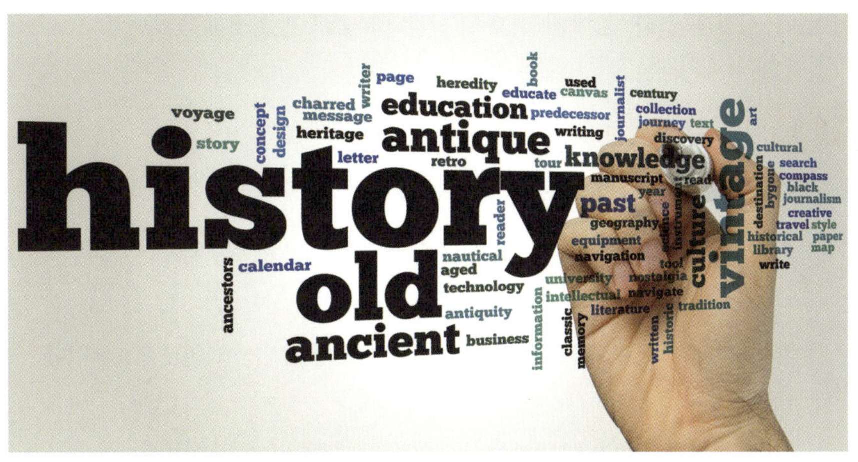

역사는 반복된다.

역사를 잊은 민족에게 미래는 없다.

역사는 현재와 과거의 끊임없는 대화다.

역사는 현재를 비추는 거울이고 미래의 길을 제시하는 나침반이다.

역사의 중요성을 이야기할 때 가장 자주 언급되는 표현들이다. 역사의 개념에서 알 수 있듯 역사는 정지해 있는 것이 아니다. 어떠한 것이 계속해서 변화해 온 과정이다. 당연히 시작도 있고 중간도 있고 끝과 **결말**도 있다. 한두 가지만 있는 것도 아니다. 참고할 수 있는 수없이 많은 역사적 사실들이 존재한다. 인류 차원의 거대한 역사적 흐름도 그렇고 우리가 사는 **인생사**도 그렇다. 다른 듯 비슷한 일들이 계속되고 또 반복된다. 다만, 사람들 각자의 입장에서는 처음 하는 일들이 많아 새로운 것처럼 느껴지는 것뿐이다. 삶에서는 모두가 초보라고 하는 이유이기도 하다.

그러므로 어떤 일을 하든 나보다 먼저 그 일을 해 본 사람, 특히 그 일을 성공적으로 잘해 낸 사람의 경험을 참고하는 것이 좋다. 그러면 처음 하는 일에서도 실수와 **시행착오**를 줄이며 올바른 방향으로 나아갈 수 있다. 역사를 통해, 먼저 산 사람을 통해 같은 실수를 반복하지 않을 지혜를 얻을 수 있는 것이다. 그런 대상이 가까운 동료나 친구, 선배나 직장 상사라면 직접 찾아가 물어보면 된다. 직접 물어볼 사람이 없어도 괜찮다. 언제라도 찾아볼 수 있는 책이라는 **스승**이 있기 때문이다. 책은 우리 주변의 그 누구보다 뛰어나고 현명한 사람들의 경험이 들어 있는 지혜의 **보고**이다. 책보다 영상이 편하다면 유튜브도 좋다. 유튜브의 경우 각 분야 최고의 전문가들이 가장 유용한 내용을 모아 알기 쉽게 설명해 준다. 요약된 정보를 얻는 데는 더 효율적일 수도 있다.

※ 글의 내용으로 맞으면 O, 틀리면 X 하십시오.

1) 역사는 인간에 대한 것이기 때문에 자연이나 사물의 변화는 역사의 대상이
   아니다.

2) 역사가 계속해서 반복되는 것처럼 사람들은 자신들의 인생도 어제나 오늘이나,
   10년 전이나 지금이나 다 비슷하다고 느낀다.

3) 시행착오를 줄이기 위해서는 책이나 유튜브에서 정보를 얻는 것보다 주변
   사람들에게 직접 물어보는 것이 좋다.

※ 빈칸에 알맞은 말을 쓰십시오.

4) __________은 무엇인가가 어떤 '결과'로 끝나는 것, 또 소설 같은 이야기에서
   마지막 부분을 뜻하는 말이다. 이야기가 진행되다가 마지막에 '결국' 어떤 '결과'로
   마무리되는 것이다. 한편 글이나 이야기에서 서론, 본론 다음은 '결론'이고,
   어떻게 할까 고민하다가 마음을 정하는 것은 '결정'이다.

5) 우리가 살아가면서 겪는 일들은 '__________사', 하루하루 세상을 살아가는 일은
   '__________살이'라고 한다. 또 우리의 __________은 우리가 사는 '세상'에서
   이루어지기 때문에 살면서 겪는 많은 일들을 '세상사', 또 '세상만사'라고 한다.

활동 지금까지 살아오면서 시행착오를 겪었던 경험들에 대해 생각해 봅시다.
시행착오를 겪은 뒤 어떻게 되었나요? 처음에는 잘 몰라 실수도 하고 좋지 않은
결과가 생기기도 하였지만 오히려 그런 경험이 도움이 되어 좋은 결과로 이어진
경험에 대해 이야기해 봅시다.

①

②

③

역사 공부, 거인의 어깨 위에 올라타는 것

※ 여러분의 꿈은 무엇입니까? 여러분이 인생에서 꼭 이루고 싶고 해 보고 싶은 일은 무엇입니까? 또 다른 사람보다 잘하고 싶은 것은 무엇입니까? 어떻게 하면 그것을 이룰 수 있을까요?

1) 선생님, 저의 꿈, 제가 이루고 싶은 일, 꼭 해 보고 싶은 일은 이런 것들이에요.

①

②

③

④

⑤

2) 그리고 저의 꿈, 소원을 이루기 위해서는 이런 것들과 이런 준비가 필요할 것 같아요.

①

②

③

④

⑤

건강하게 살려면 어떻게 해야 할까? 어떻게 하면 매일 행복하게 살아갈 수 있을까? 어떻게 해야 성공적인 삶을 살 수 있을까? 투자에 성공하는 방법은 무엇일까? 저자를 비롯하여 이 책을 읽고 있는 여러분, 그리고 다른 많은 사람들이 자신과 세상을 향해 던져 보는 질문들일 것이다. 질문의 수만큼이나 우리 모두는 가지고 싶은 것도 많고 하고 싶은 것도 다양하다.

수많은 사람들이 비슷한 궁금증과 욕망을 가지고 오래전부터 그러한 질문을 해 왔다. 나는 오늘 처음 하는 질문이지만 이미 많은 사람들이 답을 찾기 위해 끊임없이 조사와 연구를 진행해 온 문제들인 것이다. 이러한 과정을 통해 인류는 수많은 문제의 답을 찾아왔고 그것을 책을 통해 공유해 왔다. 모든 답이 인류의 소중한 <u>자산</u>, '책' 속에 빠짐없이 담겨 있다. 독서를 <u>거인</u>의 어깨 위에 올라타는 일과 같다고 하는 이유이다.

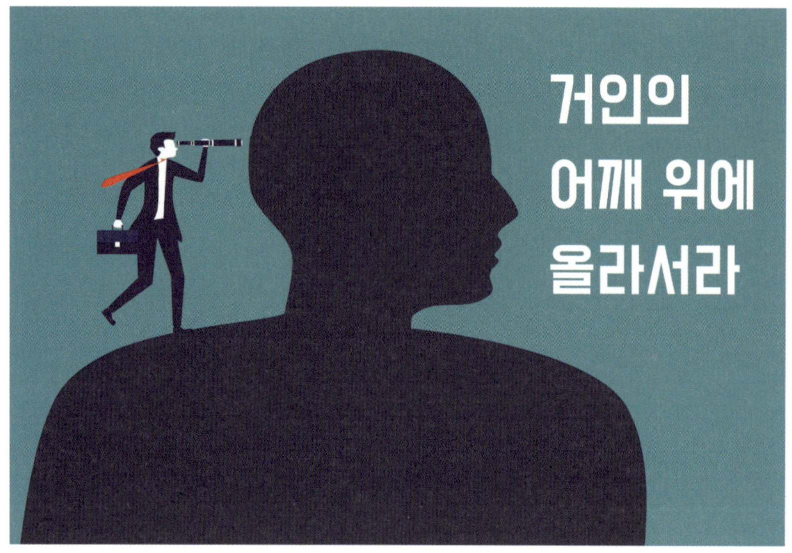

요컨대 역사라는 이름으로 역사책에 기록되어 있는 것, 우리가 역사 시간에 배우는 사실들만 역사인 것은 아니다. 인류가 지금까지 걸어온 길, 만들어 온 것 모두가 역사이다. 앞선 이들이 지나온 삶의 발자국이 모두 역사적 사실이며 이를 통해 우리는 더 나은 내일을 만들어 갈 수 있다. '거인의 어깨 위'는 바로 이를 뜻하는 말이다.

오늘 무언가를 새롭게 시도하려고 할 때 무엇을 어떻게 시작해야 할지, 어떻게 해야 성공할 수 있을지 <u>초심자</u>인 우리는 잘 알지 못한다. 하지만 우리 앞에는 먼저 산 사람들이 남겨 놓은 수많은 정보와 지혜들이 가득하다. 뭔가를 하기에 앞서 그것을 먼저 찾아보는 것만으로 앞선 이들이 겪은 실패와 시행착오를 피할 수 있다. 이를 거울로 삼아 거인의 어깨 위 더 높은 곳에서 더 크고 빠르게 원하는 것들을 이룰 수 있다. 내가 꿈을 이루면 내가 이룬 것을 바탕으로 다른 누군가가 더 큰 꿈을 이룰 수 있는 것이다.

내가 꿈을 이루면 나는 누군가의 꿈이 된다.

듣기만 해도 가슴이 뛰는 이 <u>문구</u>는 청소년들이 한 번쯤 읽어 보면 좋을 책 제목(이도준, 황소북스, 2013)이기도 하다.

초심자인 내가 할 일은 하나이다. 자신이 이루거나 하고 싶은 일을 정하고 그 분야의 거인을 만나는 것이다. 직접 만나도 좋고 책을 통해 접해도 좋다. "소크라테스와 오후를 보낼 수 있다면 나의 모든 기술을 넘길 수 있다." 우리에게 스마트폰이라는 최고의 선물을 안겨 준 스티브 잡스가 한 말이다. 또 세계적인 투자의 대가 '워렌 버핏'과 식사를 함께할 수 있는 티켓은 수십억 원에 판매된다. 이 티켓으로 할 수 있는 일은 워렌 버핏과 3시간 동안 식사를 하며 이야기를 나누는 것뿐이다. 스티브 잡스의 말도 워렌 버핏과의 식사 비용도 사실 그다지 잘 이해가 되지 않는다. 그러나 그런 만남을 통해 큰 영감을 얻을 수 있고 발상의 전환을 통해 더 큰 가치를 만들어 낼 수 있다면 이해하지 못할 일도 아니다.

　말이 나온 김에 스티브 잡스와 스마트폰을 예로 들어 생각해 보자. 휴대폰이 발명되기 전에 전화기는 모두 선을 통해 연결된 유선 전화였다. 그래서 집이나 사무실, 거리의 공중전화처럼 '선'으로 연결되어 있는 곳에서만 전화가 가능했다. 상대와 연락을 하기 위해 둘 중 하나는 반드시 집이나 사무실처럼 고정된 장소에 있어야 했다. 이런 때에 집 밖 어디에 있든 전화가 가능한 무선 휴대폰의 등장은 혁명과도 같은 일이었다. 급하게 연락할 일이 생겼을 때 더 이상 발을 동동 구를 필요가 없어졌다. 휴대폰만 있으면 된다. 그리고 전화를 걸고 이렇게 말하는 것이다.

"어디야?"

　이것이 끝이 아니다. 스티브 잡스는 휴대폰에 다시 한번 큰 변화를 주었다. 휴대폰의 용도를 단순한 전화기에서 '손 안의 컴퓨터'로 바꾼 것이다. 요즘은 스마트폰으로 전화하는 시간이 아주 짧거나 채팅으로 대체되어 거의 없어졌을 정도이다. '휴대하고 다니는 전화기'라는 뜻에서 '휴대폰'이라는 말이 생긴 것이니 지금의 '스마트폰'은 휴대폰이라고 부르기도 어려울 듯하다. 어떤가? 휴대폰이 등장하고 다시 스마트폰으로 진화하는 과정에 대한 이야기에서 무엇을 느꼈는가? 거인의 어깨를 빌려 세상을 공부하고 조금만 다른 방향을 볼 수 있다면 어떻게 될까? 우리도 스티브 잡스와 같은 영감을 얻을 수 있을 것이다. 어렵지 않다.

우리 안에 숨어 있는 제2, 제3의 스티브 잡스를 찾아보자.

※ 글의 내용으로 맞으면 O, 틀리면 X 하십시오.

1) 시대가 변하면서 사람들이 궁금해하거나 원하는 것들이 크게 변했다.

2) 초심자들은 경험이 없으므로 새롭게 시작하는 일을 실수와 실패 없이 제대로
하기가 어렵다.

3) '소크라테스'와의 만남은 '스티브 잡스'가 스마트폰을 만드는 데 큰 영감을
주었다.

4) 사람들은 스마트폰을 주로 인터넷 검색과 통화하는 용도로 사용한다.

※ 빈칸에 알맞은 말을 쓰십시오.

5) __________은 신화나 이야기에 나오는 몸이 아주 큰 사람을 말하는데 그렇게
몸이 큰 종류의 사람들을 '__________족'이라고 한다. 반대로 몸이 아주 작은
사람들은 소인, 그들이 사는 나라는 소인국이다. 한편 어른과 아이를 구분할
때는 '대인', '소인'이라는 표현을 사용한다. 입장료의 경우 '대인' 요금, '소인'
요금과 같이 구분된다.

6) '__________자'는 어떤 일을 처음 배우거나 익숙하지 않은 사람이다. 비슷한
뜻의 단어로 '초보자'가 있다. 처음 만나는 사람은 '초면', 어떤 장소에 처음 가는
것은 '초행'이다. 또 어떤 것을 하기로 결심한 후 그 마음을 바꾸지 않고 끝까지
일을 해 나가는 것은 '초지일관'이라고 한다.

7) 뭔가 새로운 아이디어를 생각해 내는 것을 __________이라고 한다. 그런 새로운
생각을 통해 남들이 알지 못했던 새로운 것, 새로운 사실을 찾아내는 것은 '발견',
이전에 없던 새로운 기술이나 물건을 만들어 내는 것은 '발명'이다. 세상은 이런
새로운 생각과 그 결과물들을 통해 끊임없이 '발전'해 간다.

 지금까지 읽은 책, 또 만났던 사람 중에 가장 기억에 남는 것은 무엇입니까? 그
책과 사람이 기억에 남는 이유는 무엇입니까?

1) 선생님, 저는 지금까지 읽은 책 중에 이게 가장 기억에 남아요.

　　①

　　②

　　③

2) 그리고 제가 만났던 사람 중에 이 사람이 가장 기억에 남아요.

　　①

　　②

　　③

실패? 아니, 성공의 어머니!

1) 지금까지 살아오면서 여러분에게 큰 영향을 주었거나 기억에 남는 말은 무엇입니까? 언제, 어디에서 그 말을 들었고 그 말은 여러분에게 어떤 영향을 주었습니까?

①

②

③

④

⑤

2) 다음은 인류 역사상 가장 위대한 천재 과학자로 손꼽히는 아인슈타인이 남긴 명언들입니다. 다음 명언들은 무엇을 이야기하려고 한 것일까요? 그 의미를 생각해 봅시다.

① 한 번도 실수를 해 보지 않은 사람은 한 번도 새로운 것을 시도한 적이 없는 사람이다.

➡

② 인생을 살아가는 데는 오직 두 가지 방법밖에 없다. 하나는 아무것도 기적이 아닌 것처럼, 다른 하나는 모든 것이 기적인 것처럼 살아가는 것이다.

➡

③ 모든 사람은 천재다. 하지만 당신이 나무를 오르는 능력으로 물고기를 판단한다면, 물고기는 한평생 자신을 바보로 믿으며 살아갈 것이다.

➡

④ A가 인생의 성공이라면 A=X+Y+Z다. X는 일, Y는 놀이, Z는 입을 다물고 있는 것이다.

➡

⑤ 미친 짓이란, 매번 똑같은 일을 반복하면서 다른 결과를 기대하는 것이다.

➡

여러분은 지금 무엇을 하며 살고 있는가? 어떤 성공을 이루어 왔고 또 어떤 일에 실패를 겪고 있는가? 열심히 노력한 일이 뜻대로 되지 않으면 기분이 어떤가? 당연하게도 우리는 모두 무언가에 실패했을 때 좌절감을 느끼고 반대로 성공했을 때 보람과 행복을 느낀다. 시험 성적이 좋지 않을 때, 원하는 대학에 합격하지 못했을 때, 가고 싶은 직장에 취직이 어려울 때, 승진 심사에서 탈락했을 때 마음이 괴롭고 포기하고 싶은 생각이 든다.

그러나 '실패는 성공의 어머니'라고 하듯 실패한 자리에서 멈추지만 않으면 기회는 다시 온다. 그리고 실패에서 얻은 교훈, 실패를 통해 깨달은 지혜를 통해 다음 도전에서는 성공을 만들어 낼 수 있다. 다음이 아니면 그다음에. 그다음도 아니면 다음다음에. 결국에는 성공하게 된다. 아기가 2,000번 이상 일어섰다가 넘어지는 실패를 반복한 끝에 걷는 법을 배우는 것처럼 말이다.

나는 1만 번 실패한 것이 아니라 1만 가지 방법을 찾아낸 것이다.
– 토마스 에디슨

성공은 최종적인 것이 아니고, 실패는 치명적인 것이 아니다. 용기를 가지고 계속 진행하는 것이 중요하다. – 윈스턴 처칠

좌절을 경험한 사람은 자신만의 역사를 갖게 된다. – 쇼펜하우어

중요한 것은 실패 자체가 아니라 실패를 대하는 태도이다. 에디슨이 반복되는 실패를 나쁜 것으로 여기고 스트레스를 받았다면 어떻게 되었을까? 아마도 그 일을 계속할 수 없었을 것이다. 물론 우리가 아는 발명왕 에디슨도 존재하지 않을 것이다. 그러나 에디슨은 실패하는 과정을 통해 전구에 불을 밝히는 데 필요한 것과 필요하지 않은 것들을 하나씩 배워 갔다. 실패에 절망한 것이 아니라 조금씩 성공에 가까워진다고 생각하고 새로운 시도를 하며 실험을 계속해 갔던 것이다.

걸음마를 배우기 위해 넘어지기를 계속하는 아이를 보며 자기 아기가 제대로 걷기 힘들겠다고 생각하는 부모는 없다. 마찬가지이다. 한 번에 성공하지 못했다고 해서 그 일을 포기하는 것처럼 바보 같은 일은 없다. 실패에 절망하여 도전을 멈추지만 않으면 된다. 성공하는 과정에서 겪은 실패는 결국 성공의 어머니가 된다. 이른바 '위대한 실패'이다. 그렇다. 실패했을 때 우리가 할 일은 다시 실패하지 않을 방법 하나를 배우는 것이다. 에디슨처럼 말이다.

사실 우리가 조심해야 할 것은 반복되는 실패가 아니다. 오히려 하루아침에 이루게 된 성공이다. 한 번의 실패도 없이 큰 성공을 이룰 수 있다면 얼마나 좋을까? 누구나 최고의 성공 스토리로 꿈꾸는 일이다. 그러나 역사는 수많은 사례를 통해 이런 성공이 결코 오래 계속되지 않음을 보여 준다. 이유는 간단하다. 단 한 번에 성공하는 경험은 아기가 걸음마를 배우는 첫 번째 시도에서 운 좋게 일어서고 걷는 데 성공한 것과 같기 때문이다.

걸음마에 한 번 성공했다고 해서 이제 걸을 수 있다고 생각하고 걷기 위한 노력을 멈춘다면 어떻게 되겠는가? 몸의 균형을 잡는 능력이나 다리의 근육 등 걷는 데 필요한 여러 가지가 더 이상 발달하지 않을 것이다. 이후 결과는 말할 필요도 없다. 한 번 성공했다고 해서 그것을 이어 가는 데 필요한 충분한 능력을 가지게 되는 것은 아니다. 불완전한 지식과 능력으로 거둔 성공은 오히려 '독'이 된다. 반면 그토록 원망스럽던 실패의 경험은 결국 큰 성공을 위한 훌륭한 스승이 된다.

'실패도 성공의 일부'인 것이다!

QUIZ 1

※ **글의 내용으로 맞으면 O, 틀리면 X 하십시오.**

1) 실패했을 때 중요한 것은 좌절감에 빠지거나 포기하지 않는 것이다.　□

2) 모든 사람이 꿈꾸는 것처럼 가장 완벽한 성공은 실패 없이 한 번에 이루는 성공이다.　□

3) 성공하는 사람은, 성공하기 전에 이미 성공에 필요한 모든 능력과 정보들을 충분히 갖추어 놓은 사람들이다.　□

※ 빈칸에 알맞은 말을 쓰십시오.

4) _________은 어떤 계획이나 일에 문제가 생겨 중간에 멈추게 되거나 실패하는 것이다. 즉 어떤 일을 하려고 하는 '욕구'가 그것을 하기 어렵게 만드는 문제 때문에 _________되는 것이다. 그럴 때 느끼게 되는 마음이 '_________감'이다. 생각처럼 일이 잘 안 될 때 누구나 실망하고 포기하고 싶어진다. 이런 이유 때문인지 이것을 뜻하는 'OTL'이라는 신조어가 유행하기도 했다. 'OTL'은 '_________에 빠진' 사람이 바닥에 무릎을 대고 업드려 있는 모습을 알파벳으로 표현한 것이다.

5) 발을 앞뒤로 움직이며 앞으로 가는 것을 _________이라고 한다. 발을 이용해 걷기 때문에 '발_________'이라고도 한다. 걷는 모양은 '_________걸이', 아기가 _________을 배우려고 한 발 한 발 걷는 것은 '_________마'이다. 또 어떤 일을 처음 시작하는 것은 '첫_________을 떼다'라고 한다.

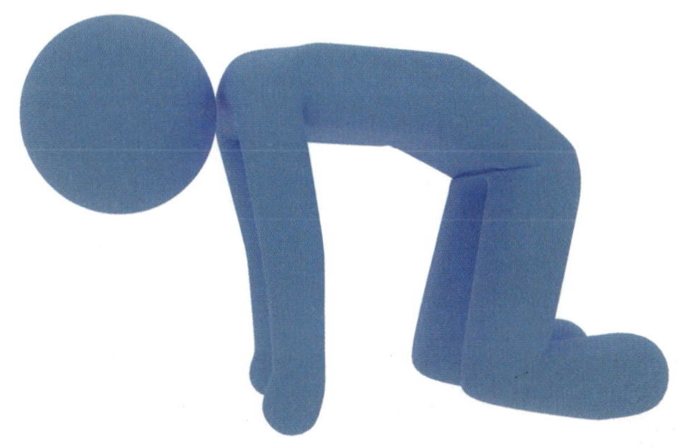

실패·인생 관련 명언에서 찾는 삶의 지혜 1

다음은 실패를 바라보는 바람직한 마음가짐과 인생을 살아가는 올바른 자세에 관한 명언들이다.

실패하면 실망할지도 모르지만 시도조차 하지 않으면 죽은 몸이나 마찬가지이다. – 비벌리 실즈(Beverly Sills)

세상을 움직이려거든 먼저 자기 자신을 움직여라. – 플라톤(Platon)

아무것도 하지 않으면 아무 일도 일어나지 않는다. – 기시미 이치로

실패라는 결과를 받아 들고 기분 좋을 사람은 없다. 실패를 통해 더 크게 성공할 교훈을 얻을 수 있다고 해도 그건 나중의 일이다. 실패가 곧 성공으로 이어질 거라고 확신하기도 어렵다. 사람들이 뭔가 새로운 일에 도전하는 것을 망설이는 이유이다. 그러나 실패가 두려워 아무것도 시도하지 않으면 지금 가진 것 이상으로 얻을 수 있는 것 역시 없다. 물론 지금의 삶에 충분히 만족하고 행복하게 살고 있다면 괜찮다. 다만, 조금 더 나은 삶, 보다 멋진 인생을 꿈꾼다면 지금까지 하지 않았던 일을 해야 한다. 그래야 지금까지 내가 가지지 못했던 새로운 결과를 얻을 수 있다. 지금의 나는 어제까지 내가 살아온 삶의 결과물이기 때문이다.

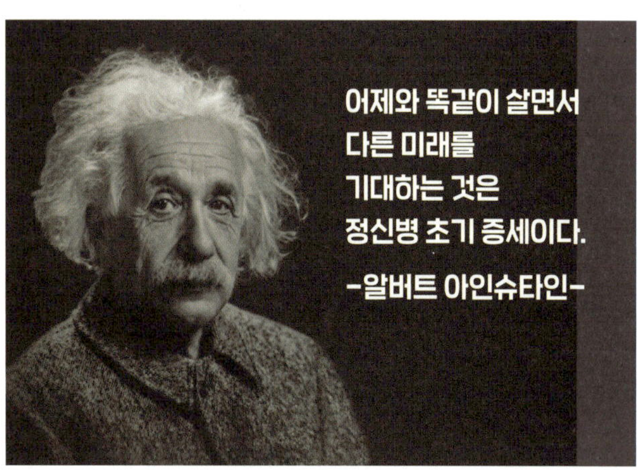

아인슈타인의 말이다. 아무 일도 하지 않으면서, 또 어제와 똑같은 삶을 살면서 어떻게 지금까지와 다른 결과물을 얻을 수 있겠는가?

나는 재앙이 일어날 때마다 그것을 기회로 바꾸려고 노력했다. 스스로 못 할 것이라 생각하는 것은 자신을 속이는 가장 큰 거짓말임을 명심하라.
– 존 록펠러

성공한 사람들이 공통적으로 하는 말이 있다. 위기는 곧 기회라는 말이다. 잘 이해가 되지 않는다. 학교 성적이 크게 떨어지고, 대학 진학에 실패하고, 경제 위기로 실직을 하는 등 인생에 큰 위기가 찾아왔는데 그게 왜 기회라는 말인가. 답은 간단하다. 그것이 무엇이든 나에게 찾아온 위기는 지금의 상태, 지금 내가 그것을 하는 방식에 문제가 있음을 친절하게(?) 알려주는 신호이기 때문이다. 열심히 하는데도 노력한 만큼 좋은 결과가 나오지 않는다면 방법에 문제가 있는 것이다. 예컨대 몸이 계속 피곤한 것은 지쳤으니 좀 쉬라는 신호이다. 신호를 무시하면 탈이 나고 병이 된다.

인생에 찾아온 위기도 이와 같다. 지금까지와는 뭔가 다르게 해 보라는 신호이다. 노력이 부족했다면 최선을 다해 죽기 살기로 해 봐야 한다. 방법이 틀렸다면 더 나은 방안을 배워 새롭게 시도해 봐야 한다. 이렇게 뭔가를 바꿀 수만 있다면 위기는 오히려 생각지 못한 커다란 기회가 될 수 있다. 그런데 사람은 쉽게 바뀌지 않는다. 새로운 것, 안 하던 일은 불편하고 힘들기 때문이다. 큰 위기가 오히려 큰 기회가 된다고 하는 이유이다. 목숨이 위태로울 정도의 위기가 찾아와야 어쩔 수 없이 변화를 선택하고 실천할 생각을 하게 된다. 죽지 않고 살아남기 위해 최선을 다할 수밖에 없는 것이다.

실패는 성공의 어머니며,
위기는 기회의 아버지다.

성공하는 사람이 보는 세상은 뭔가 다르다. 그리고 성공하기 위해서는 그래야 한다. 알리바바 마윈 회장의 다음 말처럼 말이다.

성공하는 사람들은 믿기 때문에 보인다.

일반 사람들은 보이기 때문에 믿는다.

실패하는 사람들은 보고도 믿지 않는다.

QUIZ 2

※ **글의 내용으로 맞으면 O, 틀리면 X 하십시오.**

1) 사람들은 대부분 실패를 하더라도 거기에서 교훈을 얻을 수 있다는 생각으로 계속해서 새로운 일에 도전하다. ☐

2) 아인슈타인은 매일 같은 일을 반복적으로 하다가 정신병 증세를 보이게 되었다. ☐

3) 인생에 위기가 찾아오면 우리는 하던 일을 잠시 멈추고 쉬어야 한다. ☐

※ **빈칸에 알맞은 말을 쓰십시오.**

4) __________은 직업이나 직장을 잃는 것이다. '실업'과 비슷한 말이다. '__________자'에게는 새 직장을 찾으며 '구직' 활동을 하는 동안 생활할 돈이 필요하다. 이때 신청할 수 있는 것이 '실업' 급여이다. '실업' 급여로 받는 돈은 회사에 다니는 '재직' 기간에 내는 보험료에 따라 달라진다.

5) __________은 뜻밖에 생긴 예상하지 못한 '문제나 사고, 몸에 생긴 병'을 뜻하는 말이다. 음식을 잘못 먹어서 배가 아플 때 '배__________이 났다'고 한다. 음식을 맛있게 잘 먹었는데 너무 많이 먹었거나, 음식이 상해서 먹은 뒤에 '__________이 난' 것이다. 우리의 건강도 생활에도 '__________이 나면' 아프고 힘들어진다. 그래서 사람들은 항상 서로에게 별일 없는지 안부를 물으며 아무 문제 없이 '무__________'하게 지내기를 바란다.

▌실패·인생 관련 명언에서 찾는 삶의 지혜 2

인생은 자전거를 타는 것과 같다. 균형을 잡으려면 움직여야 한다.
– 알베르트 아인슈타인

인생은 자전거를 타는 것과 같다니 얼마나 멋진 비유인가? 자전거를 타고 가다 보면 ==평탄한== 길도 있고 ==구불구불한== 길도 나온다. 또 ==내리막길==도 있고 ==오르막길==도 있다. 구불구불한 길을 갈 때는 잘못하면 넘어질 것 같아 불안한 마음이 든다. 오르막길을 갈 때면 너무 지치고 힘들어 포기하고 싶은 마음이 간절하다. 그러나 멈춰서는 안 된다. 멈추는 순간 균형을 잃고 넘어지게 된다. 앞만 보고 계속해서 ==페달==을 돌려야 한다. 그렇게 가다 보면 곧 평탄한 길이 나타난다. 또 선물 같은 내리막길이 나온다. 아무리 힘든 길도 가다 보면 쉬어 갈 수 있는 편안한 길로 바뀐다.

그렇게 힘든 길을 지나온 나는 이제 더 이상 어제의 내가 아니다. 구불구불한 길을 많이 지난 사람일수록 자전거 실력이 더 크게 향상되었을 것이다! 오르막길을 많이 오른 사람일수록 더 강한 체력을 가지게 되었을 것이다! 이제 무엇이든 새롭게 도전할 차례이다. 뛰어난 실력과 강한 체력으로 이른바 ==만렙==(온라인 게임에서 사용하는 용어. 캐릭터의 레벨(level)이 최고 수준까지 업그레이드된 상황을 나타내는 말)이 되었으니 하지 못할 일이 무엇이겠는가?

인류 역사상 가장 위대한 천재 과학자로 손꼽히는 아인슈타인. 그의 천재성은 ==물리학== 분야의 업적뿐만 아니라 그가 남긴 명언들에도 잘 드러나 있다. 아인슈타인이 남긴 다음 명언들을 통해 내일을 살아갈 에너지와 인생을 바꿀 수 있는 멋진 영감을 얻어 보자.

아름다운 여자의 마음에 들려고 노력할 때는 1시간이 마치 1초처럼 흘러간다. 그러나 뜨거운 난로 위에 앉아 있을 때는 1초가 마치 1시간처럼 느껴진다. 이것이 ==상대성==이다.

지혜는 학교에서 배우는 것이 아니라 평생 노력해 얻는 것이다.

대부분은 초라한 옷차림과 엉터리 가구들을 부끄럽게 여기지만, 그보다는 초라한 생각과 엉터리 철학을 부끄럽게 여길 줄 알아야 한다.

지식인은 문제를 해결하지만 천재는 이를 예방한다.

이 세상에서 가장 이해할 수 없는 말은 이 세상을 이해할 수 있다는 말이다.

위 명언 중 가장 마음에 드는 말은 무엇인가? 하나같이 인생의 좌우명으로 삼기에 부족함이 없는 명언들이다. 아인슈타인이 남긴 말이라서가 아니다. 이 말들은 아인슈타인의 삶 자체일 것이기 때문이다. 아인슈타인은 그가 남긴 말에서 알 수 있듯 남다른 사고방식으로 노력하면서 실천하는 삶을 살았다. 그 결과 물리학의 역사에 길이 남을 이론들을 발전시킬 수 있었다. 이러한 천재적인 사고방식의 주인공이었기에 그처럼 위대한 성과를 얻을 수 있었던 것이다.

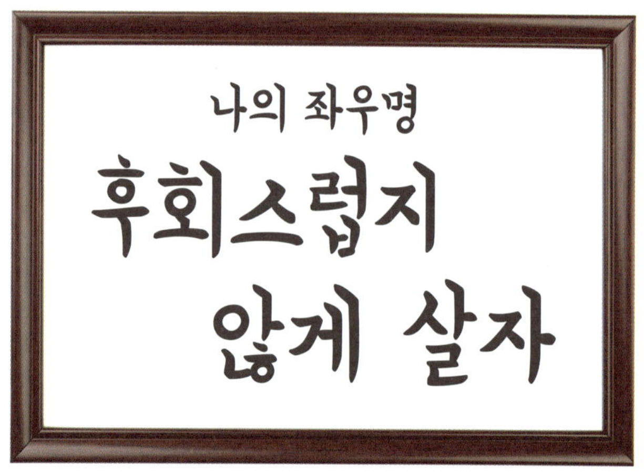

좌우명이란 '늘 자기 자리 가까이에 두고 가르침으로 삼는 말이나 문구'를 뜻하는 말이다. 중국 '후한'의 학자 '최원'이 자기가 앉은 자리의 왼쪽과 오른쪽에 인생의 지침이 될 좋은 글을 붙여 놓고 가르침으로 삼은 것에서 유래된 말이다. 자, 오늘부터 마음에 드는 몇 개를 골라 좌우명으로 삼아 보자. 그리고 이를 삶의 지침으로 하여 아인슈타인과 같은 삶을 살아 보자. 힘들고 어려울 때, 지치고 포기하고 싶을 때, 방향을 잃어 어떻게 해야 할지 모를 때 좌우명을 떠올려 보자. 인생의 나침반이 되어 여러분을 올바른 방향으로 이끌어 줄 것이다.

※ 글의 내용으로 맞으면 O, 틀리면 X 하십시오.

1) 아인슈타인은 자전거를 타고 여기저기 다니는 것을 아주 좋아했다.

2) 살면서 경험하는 어렵고 힘든 일들은 우리를 더 강하고 훌륭한 사람으로
성장시킨다.

3) '좌우명'은 중국 후한의 최원이라는 학자가 그 유래를 조사하면서 알려진
말이다.

※ 빈칸에 알맞은 말을 쓰십시오.

4) __________은 낮은 곳에서 높은 곳으로 이어진 기울어진 곳이다. 반대말은
'내리막'이다. 올라가는 길은 '__________길'이고 내려가는 길은 '내리막길'이다.
계단이나 건물, 산 같은 곳에서 올라갔다 내려갔다 반복하는 것은 '오르내리다'
라고 한다.

5) '__________성'은 세상에 존재하는 것들이 서로 영향을 주고받으며 의존적인
관계를 갖는 것을 말한다. 현대 물리학의 가장 중요한 두 가지 이론 중 하나가
바로 아인슈타인의 '__________성 이론'이다. __________의 반대는 '절대'이다.
90점이라는 하나의 시험 점수가 평균 점수가 95점인 경우와 80점인 경우에
다른 평가를 받게 되는데 이것이 '__________ 평가'이다. 90점이라는 결과는
같은데 이것에 대한 평가가 '__________적'으로 결정되는 것이다. 하지만
90점이라는 결과는 100%의 목표·기준의 90%를 이룬 것이므로 그 자체만
보면 결코 나쁘다고 할 수 없는 좋은 결과이다. 이처럼 그 자체의 목표 등
'절대적'인 기준에 따라 평가하는 것을 '절대 평가'라고 한다.

 여러분에게는 인생을 살아가면서 지침으로 삼는 좌우명이 있습니까? 여러분의 좌우명은 무엇입니까? 좌우명이 없다면 앞의 글을 토대로 '나만의 좌우명'을 한번 만들어 봅시다.

1) 선생님, 저는 이런 좌우명이 있어요.

①

②

③

2) 선생님, 저는 좌우명이 없어서 이런 좌우명을 만들어 봤어요.

①

②

③

제9장

기후 변화와 인류

1. 삶의 휴식처, 자연
2. 환경 위기, 몸살을 앓고 있는 자연
3. 지구가 아파요, 주치의가 되어 주세요

🎯 학습 목표

1 자연과 인간의 삶에 대한 글을 읽고 우리 삶에서 자연이 중요한 이유에 대해 이해할 수 있다.

2 인류의 삶과 지구 환경의 관계에 대한 글을 읽고 지구 온난화 등 환경 문제에 대해 이해할 수 있다.

3 기후 위기 해결의 필요성과 실천 방법에 대한 글을 읽고 이해할 수 있다.

※ 여러분은 '자연'이라고 할 때 가장 먼저 생각나는 것이 무엇입니까? 또 자연 속에서 한 일 중에 가장 즐거웠던 일, 기억나는 일들은 무엇입니까?

1) 선생님, 저는 자연이라고 하면 이런 것들이 떠올라요.

①

②

③

④

⑤

2) 그리고 자연 속에서 했던 일 중에 이런 것들이 정말 재미있고 즐거웠어요.

①

②

③

④

⑤

여러분에게 자연은 무엇이며 어떤 대상인가? 자연이라고 할 때 어떤 것들이 떠오르는가? 우리는 자연이라고 하면 보통 나무와 숲, 동물들이 뛰어노는 산과 들, 물고기가 있는 강이나 바다와 같은 곳을 떠올리게 된다. 맞다. 자연은 그런 곳, 그리고 그런 것이다. 사전에 따르면 자연은 '사람의 힘이 더해지지 않고 저절로 생겨난 산, 강, 바다, 식물, 동물 따위의 존재, 또는 그것들로 이루어진 환경', '세상에 스스로 존재하거나 우주에 저절로 이루어지는 모든 존재나 상태'를 뜻하는 말이다. 자연에 대한 일반적인 생각과 다르지 않다. 그래서 자연의 일부인 인간도 자연 속에 있을 때 가장 건강하고 온전한 상태가 된다.

다음 질문이다. 그렇다면 여러분은 현재 자연 속에서 살고 있는가? 하루 중 얼마나 많은 시간을 자연과 함께하고 있는가? 아마도 도시에 살고 있는 많은 사람들은 이 질문에 선뜻 긍정적인 답을 하기 어려울 것이다. 도시는 인간에 의해 만들어진 곳이지 자연이 아니기 때문이다. 그래서 도시를 건설할 때 가장 신경을 쓰는 것 중의 하나가 숲이나 호수, 공원, 산책로와 같은 녹지를 조성하는 일이다. 특히 자연을 접하는 시간이 갈수록 적어지는 현대에 들어서는 도시 속 녹지의 중요성이 더욱 커지고 있다. 이처럼 '사는 곳'은 삶의 질을 결정하는 매우 중요한 부분이어서 주거지의 조건을 보면 사람들이 무엇을 중요하게 생각하는지 알 수 있다.

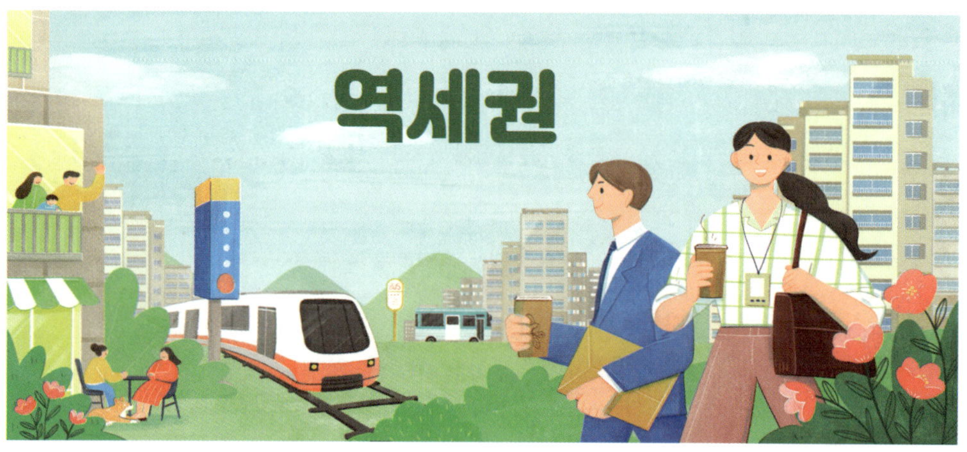

아파트 거주 비중(52.4%, 통계청의 2022년 조사 결과 기준)이 큰 한국에서는 아파트 광고 문구를 통해 거주 환경에 대한 사람들의 생각을 엿볼 수 있다. 역세권, 학세권과 같은 말이 그것이다. 역세권은 기차역이나 지하철역을 중심으로 상업과 업무 활동이 이루어지는 범위를 뜻하는 말이다. 보통 역에서 10분 이내의 거리에 있는 지역이다. 역이 가깝기 때문에 대중교통은 물론 역 주변에 발달한 다양한 상업 시설을 쉽게 이용할 수 있어 집의 입지 조건 중 가장 중요하게 생각된다. 다음으로 학세권은 유치원, 초중고 학교까지의 통학 거리가 짧거나 학원 등의 시설이 주변에 잘 조성되어 있어 교육 환경이 좋은 지역을 뜻하는 표현이다. 자녀가 있는 가정에서 가장 먼저 고려하는 입지 조건이다.

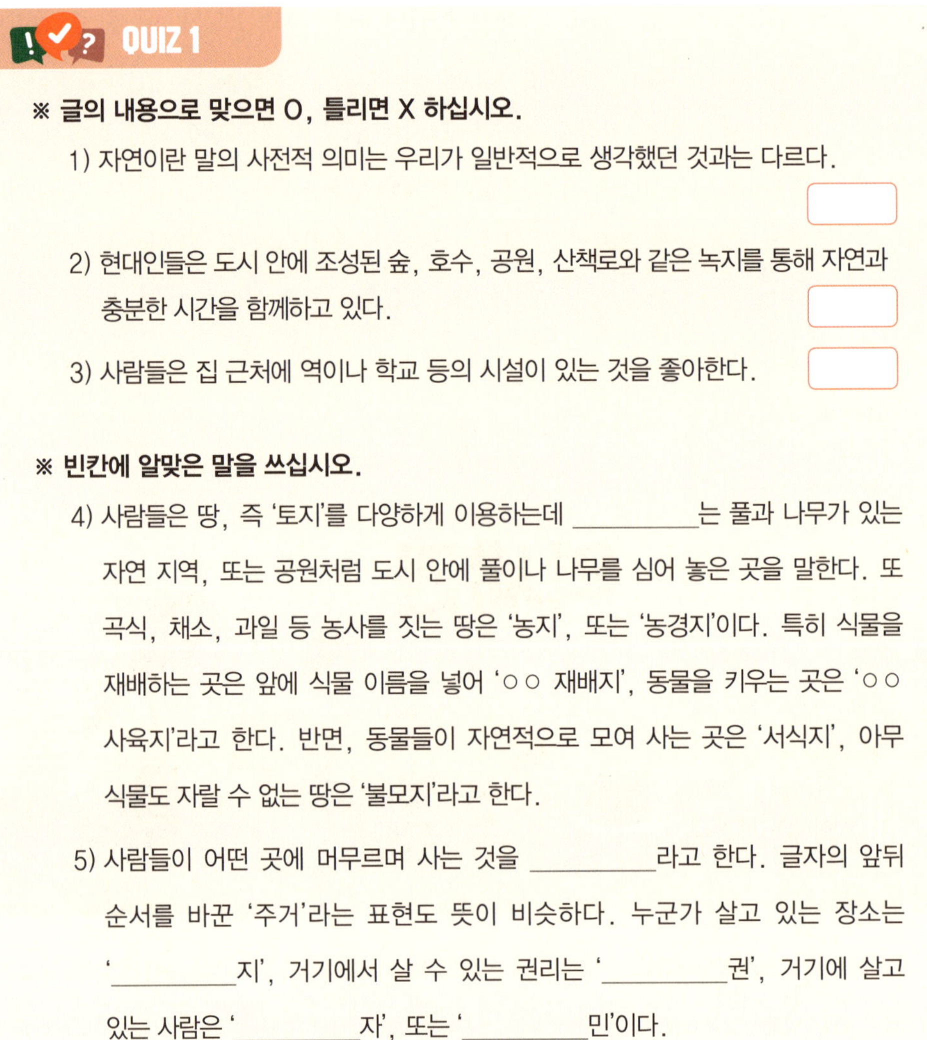

※ 글의 내용으로 맞으면 O, 틀리면 X 하십시오.

1) 자연이란 말의 사전적 의미는 우리가 일반적으로 생각했던 것과는 다르다.

2) 현대인들은 도시 안에 조성된 숲, 호수, 공원, 산책로와 같은 녹지를 통해 자연과 충분한 시간을 함께하고 있다.

3) 사람들은 집 근처에 역이나 학교 등의 시설이 있는 것을 좋아한다.

※ 빈칸에 알맞은 말을 쓰십시오.

4) 사람들은 땅, 즉 '토지'를 다양하게 이용하는데 __________는 풀과 나무가 있는 자연 지역, 또는 공원처럼 도시 안에 풀이나 나무를 심어 놓은 곳을 말한다. 또 곡식, 채소, 과일 등 농사를 짓는 땅은 '농지', 또는 '농경지'이다. 특히 식물을 재배하는 곳은 앞에 식물 이름을 넣어 'ㅇㅇ 재배지', 동물을 키우는 곳은 'ㅇㅇ 사육지'라고 한다. 반면, 동물들이 자연적으로 모여 사는 곳은 '서식지', 아무 식물도 자랄 수 없는 땅은 '불모지'라고 한다.

5) 사람들이 어떤 곳에 머무르며 사는 것을 __________라고 한다. 글자의 앞뒤 순서를 바꾼 '주거'라는 표현도 뜻이 비슷하다. 누군가 살고 있는 장소는 '__________지', 거기에서 살 수 있는 권리는 '__________권', 거기에 살고 있는 사람은 '__________자', 또는 '__________민'이다.

▎도시 속 자연, 역세권에서 숲세권으로

깨끗한 자연과 환경을 중요한 삶의 가치로 여기는 사람들이 많아지면서 역세권, 학세권에 이어 최근에는 숲세권, 공세권 같은 말도 생겼다. 숲세권은 숲이 가까이 있어 깨끗한 공기, 푸른 나무와 꽃 등 자연을 그대로 느낄 수 있는 주거 환경을 갖춘 곳을 말한다. 공세권도 비슷하다. 집 가까운 곳에 공원이 있어서 산책, 운동 등을 즐기기에 편리한 곳을 가리키는 말이다. 영어 'Park'를 이용하여 '팍세권'이라고 부르기도 한다. 사실 생활에 여유가 생길수록 사람들은 다른 무엇보다 자연과 환경을 중요하게 생각하는 경향이 있다. 자연 속에서 휴식과 재충전의 시간을 가질 수 있기 때문이다. 정신없이 바쁘게 살아가는 현대인에게 가장 필요한 것이 충분한 휴식이고, 자연과 함께일 때 진정한 휴식을 취할 수 있는 법이다.

세상에서 가장 바쁜 도시 중의 하나인 뉴욕에 '센트럴 파크(Central Park)'가 조성된 것도 이런 이유 때문이었다. 센트럴 파크는 뉴욕 맨해튼(Manhattan) 한가운데에 있는 거대한 공원이다. 1800년대에 이곳은 발달된 주변 지역과 달리 아무것도 없는 습지에 불과했다. 그래서 이곳을 통해 도시 시설들을 분산시킬 계획이었다. 그런데 1850년에 '뉴욕 포스트(New-York Evening Post)'에 글이 하나 실린 이후 분위기가 바뀌었다. 이곳에 도시가 아니라 공원을 만들어야 한다는 내용의 글이었다. 뉴욕 한 유명 인사의 조언도 큰 역할을 했다.

"지금 이곳에 공원을 만들지 않는다면
100년 후에는 이만한 크기의 정신 병원이 필요할 것이다."

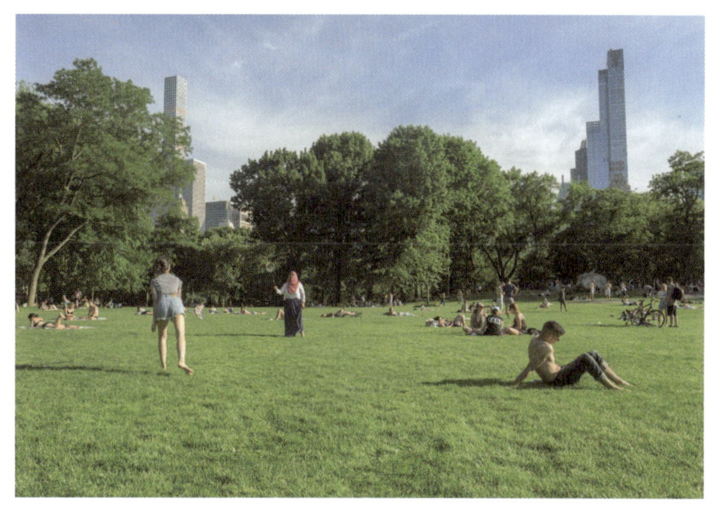

세상에서 가장 바쁘고 복잡하게 돌아가는 치열한 삶의 현장, 맨해튼에 충분한 휴식처를 만들지 않으면 과로와 스트레스로 인해 정신 질환자가 늘어날 것이라는 말이었다.

이렇게 해서 뉴욕 맨해튼에는 도시공원의 표본이 되는 세계적인 공원, 센트럴 파크가 조성되었다. 덕분에 수많은 뉴요커(New Yorker)들이 이곳에서 여가 활동을 하고 휴식을 취하며 산책과 운동, 데이트를 즐길 수 있게 되었다. 하루하루 정신없이 바쁜 일상을 견뎌야 하는 뉴요커들에게 센트럴 파크는 사막 속의 오아이스(oasis) 같은 곳이다. 대한민국의 대표적인 공원 중 하나인 여의도 공원도 이곳을 모델로 하여 만들어졌다고 한다. 인천시에도 같은 이름을 붙인 공원, '송도 센트럴 파크'가 있다. 이뿐만이 아니다. 세계 곳곳, 도시 곳곳에 삶의 휴식처가 되는 자연 공간이 존재하고 센트럴 파크 같은 공원이 지속적으로 조성되고 있다. 인간은 자연을 떠나서는 온전하게 살아갈 수 없기 때문이다.

※ 글의 내용으로 맞으면 O, 틀리면 X 하십시오.

1) 생활에 여유가 생기면서 사는 곳의 자연과 환경을 중요하게 생각하는 사람들이 많아졌다.

2) 세상에서 가장 바쁘고 복잡한 뉴욕 맨해튼에는 100년 전에 만들어진 대형 정신 병원이 있다.

3) 센트럴 파크는 세계 여러 나라에서 공원을 만들 때 모델로 삼고 있는 곳이다.

※ 빈칸에 알맞은 말을 쓰십시오.

4) 휴대폰, 노트북, 전기차 등은 모두 배터리를 이용하는 제품이다. 배터리에 저장된 전기가 '방전'되면서 제품이 켜지고 동작을 하는 것이다. 그러다 전기가 조금밖에 안 남으면 __________을 해야 계속 사용할 수 있다. 우리도 비슷하다. 배가 고프면 음식을 먹어야 몸에 에너지가 생겨 일을 할 수 있다. 또 여가 생활이나 여행 등을 통해 지친 몸과 마음을 쉬게 하며 '재__________'을 해야 즐겁고 건강하게 살 수 있다.

5) 사회적 지위가 높거나 활동이 많은 사람을 말할 때 __________라는 표현을 쓴다. '유명 __________', '저명 __________' 등으로 사용되며 줄여서 '명사'라고도 한다. 정치, 경제, 학문, 연예계 등 어떤 분야에서 유명한 사람을 말할 때는 '정계 __________', '재계 __________', '학계 __________', '연예계 __________'와 같이 사용한다.

 여러분은 고향에서 어떤 집에 살고 있습니까? 고향에서 살고 있는 곳, 살고 있는 집은 어떤 점에서 만족스럽고 어떤 점에서 불만족스럽습니까? 앞으로 결혼을 하거나 이사를 간다면 어떤 곳, 어떤 집에서 살아 보고 싶습니까?

1) 선생님, 저는 고향에서 이런 곳에 살고 있는데 ① 이런 점이 좋아요. 그런데 ② 이런 점은 좀 불편해요.

　①

　②

2) 그리고 저희 집은 ① 이런 점은 좋은데 ② 이런 건 좀 불편하고요.

　①

　②

3) 그래서 앞으로는 ① 이런 곳에 있는 ② 이런 집에서 살아 보고 싶어요.

　①

　②

환경 위기, 몸살을 앓고 있는 자연

※ 여러분은 지금처럼 지구의 자연환경에 큰 문제가 생긴 이유가 무엇이라고 생각합니까? 환경 문제와 관련된 책이나 영화, 다큐멘터리, 광고 등을 본 적이 있습니까? 어떤 것이었습니까?

1) 선생님, 저는 환경 위기의 원인은 이런 것들이라고 생각해요.

①
②
③
④
⑤

2) 그리고 환경 문제와 관련해서 이런 것을 본 적이 있어요.

①
②
③
④
⑤

인류가 지금과 같이 자연을 돌보지 않고 개발이라는 이름으로 계속해서 파괴해 간다면 어떻게 될까? 'Man'이라는 이름으로 제작된 3분 36초짜리 짧은 영상에 그 답이 있다. 영국의 일러스트레이터(illustrator)이자 애니메이터(animator) '스티브 커츠(Steve Cutts)'가 2013년 12월에 제작한 이 영상은 한국에서는 '인간이 지구를 파괴하는 과정'이라는 제목으로 소개되었다. 한국어로 된 제목에서 알 수 있듯 인간이 지구에 등장한 이후 자연에 끼쳐 온 해악이 사실적으로 묘사돼 있는 영상이다.

평온하던 지구에 인류가, 아니 한 남자가 등장하는 장면으로 영상은 시작된다. 남자가 등장하는 순간 거기에 있던 다람쥐와 새들이 깜짝 놀라며 달아난다. 이후 남자는 앞으로 계속 걸어가면서 자연을 해친다. 작은 벌레가 보이자 밟아 죽이고 지나가던 뱀 두 마리를 잡아서는 부츠(boots)로 만들어 신는다. 계속해서 동식물을 죽이고 자연을 파괴하며 인간에게 필요한 것들을 만들어 간다. 자연은 병들고 공장과 건물이 가득한 도시가 건설된다. 그리고 점점 더 많은 식량이 필요해진 인류를 위해 수많은 동물이 죽임을 당한다.

그리고 '터미네이터(Terminator)'와 같은 미래 영화에서 볼 수 있는 익숙한 장면이 펼쳐진다. 산처럼 쌓인 쓰레기 위, 아무도 없는 텅 빈 지구에 남은 건 이 남자 하나. 입에 담배를 문 남자는 왕관을 쓴 채 미소를 지으며 의자에 앉아 있다. 영상 내용이 다소 충격적이기는 하지만 공감하지 않을 수 없다. '백문불여일견'이라고 한다. 꼭 한번 직접 시청해 보길 바란다. 대사 없이 영상으로만 되어 있어 이해하는 데 어려움은 없을 것이다.

삶의 터전이자 휴식과 치유의 공간이 되어 주는 자연, 자연은 그렇게 우리에게 모든 것을 아낌없이 주는 존재이다. 1964년에 미국에서 출간하여 세계적인 고전이 된 책, '아낌없이 주는 나무*(The Giving Tree, Shel Silverstein)'에도 바로 그러한 자연의 모습이 잘 드러나 있다. 이상하게도 우리는 물과 공기처럼 너무나 소중하지만 그냥 주어지는 것에 대해서는 고마움을 느끼지 못한다. 부모의 사랑을 당연하게 여기며 투정만 부리는 아이처럼 말이다. 자연에 대해서도 마찬가지인 듯하다.

아낌없이 주는 나무

* 옛날에 나무 한 그루가 있었다. 그리고 나무가 사랑하는 한 소년이 있었다. 소년은 날마다 나무를 찾아와 행복한 시간을 보냈다. 나뭇잎으로 왕관을 만들어 왕 놀이도 하고 나뭇가지에 매달려 그네도 타고 사과도 따서 먹었다. 그러다 피곤해지면 나무 그늘에서 낮잠을 자기도 잤다. 나무도 소년과 함께 보내는 시간이 무척 즐거웠다.

소년이 어른이 되자 나무는 혼자 있는 시간이 많아졌다. 어른이 된 소년은 필요한 것들이 많아졌고 아주 가끔씩 찾아와서는 나무에게 이것저것 요구를 하였다. 소년을 사랑했기에 나무는 언제나 소년이 원하는 것들을 아낌없이 내어 주었고 그렇게 할 수 있어 행복했다. 돈이 필요하다고 할 때는 사과를 팔아 돈을 마련하도록 했고 집이 필요하다고 할 때는 자신의 가지를 잘라 집을 지을 수 있게 해 주었다. 또 멀리 떠날 배가 필요하다고 할 때는 자신의 몸통인 줄기까지도 내어 주었다.

　이렇게 나무는 소년을 위해 자신의 모든 것을 다 주었고 결국 그루터기만 남게 되었다. 그리고 마침내 노인이 되어 다시 찾아온 소년에게 "앉아서 쉬기에는 나무 그루터기가 최고야."라며 자리를 내어 주었다.

그리고 나무는 행복했다.
아니, 그래서 나무는 행복했다.

QUIZ 1

※ **글의 내용으로 맞으면 O, 틀리면 X 하십시오.**

1) 영국의 한 일러스트레이터는 인류가 자연에 끼친 해악을 알리기 위해 영상을 만들었다. ☐

2) Man이라는 제목의 영상은 제작자의 상상에 의해 만들어진 비현실적인 이야기이다. ☐

3) '아낌없이 주는 나무'는 부모의 사랑을 당연하게 여기며 투정을 부리는 아이에 관한 이야기이다. ☐

※ **빈칸에 알맞은 말을 쓰십시오.**

4) 세상에는 우리에게 도움이 되는 이로운 것도 있고 '해'가 되는 '해로운' 것들도 있다. 술, 담배, 야식, 불규칙한 생활 등 해로운 음식과 습관은 건강에 '해를 끼친다'. 우리에게 나쁜 영향, 즉 '악영향'을 주는 것이다. 이렇게 우리에게 '해롭고 악한 것'을 ＿＿＿＿＿이라고 한다.

5) 나무의 수를 셀 때 ＿＿＿＿＿라는 말을 사용한다. 나무 하나는 한 ＿＿＿＿＿, 둘은 두 ＿＿＿＿＿이다. 한편 나무의 몸통 부분을 '줄기'라고 하는데 두껍고 큰 '줄기'의 위쪽에 있는 작은 줄기는 '가지', 땅속에 들어가 있는 부분은 '뿌리'라고 한다.

벼랑 끝에 선 지구 생명체

인류의 번영과 발전이라는 이름 아래 이루어진 각종 개발과 자연 파괴, 스마트폰과 자동차 등 1년 365일 끊임없이 생산되는 수많은 물품들, 생활을 편리하게 해 주는 이 모든 것들이 사실은 환경 파괴의 주범들이다. 그리고 이로 인해 인류는 현재와 같은 기후 위기를 맞게 되었다. 지구 온난화에 의한 기온 상승과 이에 따른 이상 기후로 인해 지구에 존재하는 모든 생명체들이 심각한 생존 위기에 처해 있다. '국제 자연 보전 연맹 (IUCN, International Union for Conservation of Nature and Natural Resources)'에 따르면 현재 약 8,400여 종류의 동식물이 심각한 멸종 위기에 처해 있다고 한다.

지구 온난화 문제에서 가장 자주 이야기되는 동물이 북극곰이다. 지구 온난화로 북극의 빙하가 줄어들면서 직접적으로 생존의 위협을 받고 있기 때문이다. 이에 북극곰은 2008년 관련 규정(Endangered Species Act)에 따라 멸종 위기 동물로 지정되었다. 미국이 지구 온난화를 이유로 멸종 위기 동물을 지정한 최초의 사례이다.

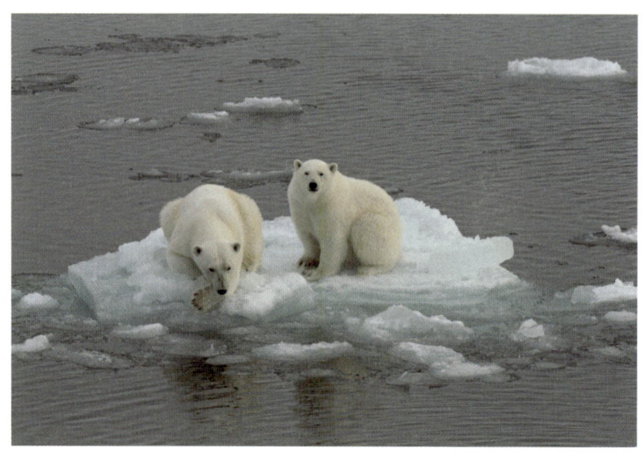

　　이에 미국의 한 연구팀에서는 온실가스 배출량과 북극곰의 생존율 사이의 관계에 대한 연구를 진행했다. 연구 결과에 따르면 북극곰들이 먹이 활동을 하지 못해 굶는 날이 1979년에는 12일 정도였는데 2020년에는 약 137일로 11배 이상 증가했다고 한다. 주변 지역의 온실가스 배출량(축치해 지역의 경우 14Gt(기가 톤, 1기가 톤은 10억 톤), 바렌츠해의 경우 16Gt)이 증가하면 북극곰들이 굶는 날도 하루씩 늘어나는 것으로 밝혀졌다. 또 미국이 30년 이상 60Gt이 넘는 온실가스를 배출할 경우 새끼 북극곰의 생존율이 약 4% 감소할 수 있다는 결과도 제시됐다.

　　온실가스는 그동안 인류가 살아가는 과정에서 발생하는 어쩔 수 없는 것으로 여겨져 왔다. 하지만 화석 연료에 기반한 생활 방식은 더 이상 지속될 수 없다. 영화적 상상력에 의한 것이기는 하지만 영화 '어벤저스: 인피니티 워'에 등장하는 슈퍼 빌런(villain) '타노스'는 우주 생명체의 절반을 없애려고 한다. 식량 문제 해결이 목적이다. 인구가 줄면 식량 부족 문제도 자연스럽게 해결된다고 생각한 것이다.

　　안타깝지만 인구로 인한 문제는 식량 부족만이 아니다. 지구 온난화 역시 80억 명을 돌파한 인류가 먹고 쓰며 생활하는 과정에서 너무 많은 물품과 에너지를 사용하기 때문에 생기는 문제이다. 그 과정에서 끊임없이 온실가스가 발생되기 때문이다. 해결 방법은 아주 간단하다. 각종 물품과 에너지의 생산·소비 방식, 그리고 우리의 생활 방식을 바꾸면 된다. 온실가스를 최소화하는 방식으로 말이다.

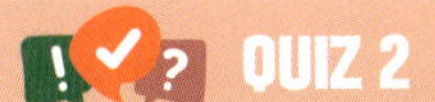

※ 글의 내용으로 맞으면 O, 틀리면 X 하십시오.

1) 각종 개발과 자연의 파괴는 지구 온난화, 야생 동물의 멸종 등으로 이어진다.

2) 미국에서의 연구 결과에 따르면 온실가스 배출과 북극곰의 생존 사이에는 직접적인 관계가 없는 것으로 나타났다.

3) '어벤저스: 인피니티 워'는 온실가스의 문제점과 해결 방법을 주제로 한 영화이다.

※ 빈칸에 알맞은 말을 쓰십시오.

4) __________은 쓸 만한 가치가 있는 '물건'을 가리키는 말이다. 전화기는 전화를 하는 데 쓰는 __________이고 책상은 앉아서 공부나 일을 하는 데 사용되는 __________이다. 한편 어떤 원료를 사용하여 물건을 만들었다고 할 때, 또 어떤 일에 쓰기 위해 만든 물건임을 나타낼 때는 '제품'이라는 표현을 쓴다. 유리로 만든 것은 유리 '제품', 플라스틱으로 만들면 플라스틱 '제품'이다. 먹기 위한 '제품'은 '식품', 병을 치료하기 위한 것은 '의약품', 판매하기 위한 만든 것은 '상품'이라고 한다.

5) __________은 '범죄를 저지른 사람' 또는 '나쁜 결과를 만든 주요한 원인'을 뜻하는 말이다. 함께 범죄를 저지른 사람 중에 그 일을 계획하면서 가장 중요한 역할을 한 사람이 바로 __________이다. 지구 온난화에 가장 큰 영향을 미치는 온실가스는 '지구 온난화의 __________'이다. 또 살인을 한 사람은 '살인범', 죄를 짓고 도망 중인 사람은 '도주범'이다. 사회의 어떤 분야에서 문제를 일으킨 사람을 가리킬 때도 사용할 수 있는데 경제 분야의 법을 어긴 사람은 '경제범(경제 사범)', 정치 분야라면 '정치범(정치 사범)'이라고 한다.

활동　여러분은 '어벤저스: 인피니티 워'의 슈퍼 빌런 '타노스'가 식량 문제 해결을 위해 우주 생명체의 절반을 없애려고 하는 것에 대해 어떻게 생각합니까?

①

②

③

3 # 지구가 아파요, 주치의가 되어 주세요

※ 여러분이 최근에 경험한(직접 겪은 일, 보거나 들은 일) 것 중 가장 심각했던 이상 기후와 대기·토양 오염 등 환경 문제(미세 먼지, 매연, 소음, 각종 쓰레기, 폐수 등)는 무엇입니까? 이야기해 봅시다.

1) 선생님, 저는 최근에 이런 이상 기후 현상을 경험했어요. TV 같은 데에서는 이런 것도 봤고요.

①

②

③

④

⑤

2) 그리고 제가 사는 곳은 이런 환경 문제가 좀 심각한 것 같아요.

①

②

③

④

⑤

지난 몇 년 코로나는 인류에게 한 번도 경험해 보지 못한 큰 재앙을 가져왔다. 이를 교훈으로 삼아 미리 대비하지 않는다면 언젠가 더 큰 재앙이 찾아올 것이다. 코로나19의 가장 대표적인 증상이 고열이었다. 몸에 바이러스 같은 병원균이 들어오면 우리 몸에서는 바이러스를 죽이기 위해 백혈구가 나온다. 그리고 병원균과 싸우는 과정에서 몸에 열이 난다. 몸에 열이 나면 우리는 병에 걸렸음을 알고 약을 먹고 쉬어야 한다. 그러면서 우리 몸이 병원균과 잘 싸울 수 있도록 도와야 한다. 지구도 현재 고열에 시달리고 있다. 그런데 열이 내리기는커녕 조금씩 계속 오르고 있다. 열을 내리기 위한 노력이 필요하다. 고열이 계속되면 결국 죽는다. 지구도, 우리도!

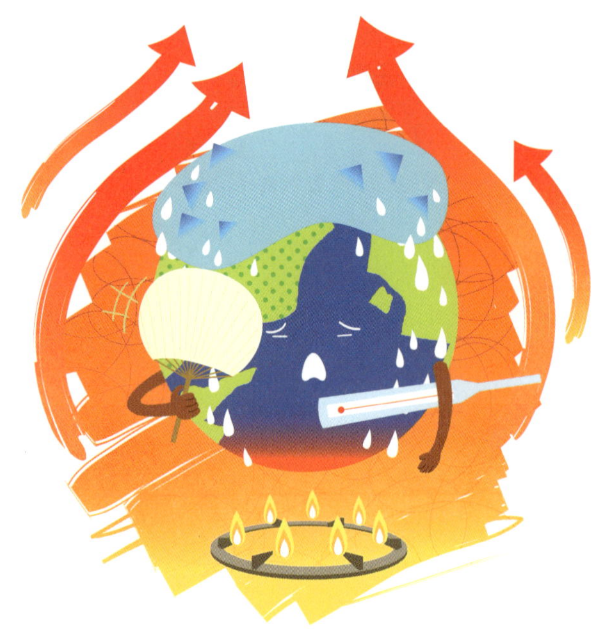

　　현재 우리가 겪고 있는 각종 기후 위기는 모두 지구 온난화로 인한 것이다. 다만, 온난화 현상으로 지구가 **끓어오르는** 것이 꼭 나쁜 것만은 아니다. 아플 때 몸에 열이 나는 것처럼 말이다. 해마다 여름이면 40도가 넘는 더위에 시달리며 폭우로 몸살을 앓고, 겨울이면 북극 **한파**에 살기 힘든데 무슨 소리인가 할 것이다. 그러나 이런 이상 기후가 아니었다면 어떻게 지구 환경이 큰 위기에 처했다는 사실을 알고 공감할 수 있었겠는가? 지구 온난화로 인해 지구가 뜨거워지고 각종 환경 재앙이 현실화되었기 때문에 비로서 지구가 위급한 상황임을 알 수 있게 된 것이다.

　　안타깝지만 다행이기도 하다. 문제가 있어도 문제임을 모르면 결코 그 문제는 해결되지 않는다. 그러나 그것이 문제임을 알면 결국 해결 방안을 찾을 수 있다. 문제는 시간이다. 이미 세계 곳곳이 기후 변화로 몸살을 앓고 있다. 식량 부족, 물 부족, 극심한 **폭염**, 홍수와 가뭄 등이 끊이지 않고 있다. 지난 코로나 팬데믹 때를 생각해 보자. 코로나 환자가 많지 않을 때는 병원에서 치료를 받을 수 있었다. 하지만 환자가 급증하면 사회 전체가 **셧다운**(shutdown)되어 외부 출입과 이동이 통제되었다.

　　지구도 마찬가지이다. 기후 위기가 일부 지역의 일시적인 문제라면 얼마든지 해결이 가능하다. 그러나 지구 온난화로 인한 기후 위기는 전 지구적인 문제이고 단 한순간도 멈추지 않고 계속되고 있다. 지구 전체의 문제이기에 코로나 때처럼 셧다운으로 해결할 수도 없다. 방법은 하나뿐이다. 코로나 때 마스크 착용 등 개인 방역을 통해 스스로 감염을 예방했던 것처럼 우리 모두 병든 지구를 치료하는 '지구 주치의'가 되어 지구를 보살피는 것이다.

QUIZ 1

※ 글의 내용으로 맞으면 O, 틀리면 X 하십시오.

1) 코로나에 걸렸을 때 열이 날 정도로 아프면 병을 치료하기 어렵다. ☐

2) 인류는 지구 온난화로 인한 이상 기후 덕분에 지구가 기후 위기에 처해 있다는 사실을 알 수 있었다. ☐

3) 기후 위기를 해결하기 위한 가장 좋은 방법은 코로나 때 여러 나라에서 했던 것처럼 지구 전체를 셧다운하는 것이다. ☐

※ 빈칸에 알맞은 말을 쓰십시오.

4) __________은 체온이 높아져 몸에서 심하게 열이 나거나 뜨거운 물건에서 나오는 높은 열을 뜻하는 말이다. 참고로 높은 온도는 '고온', 높은 가격은 '고가', 높고 큰 목소리는 '고성', 노래를 부를 때의 높은 소리는 '고음', 수준이나 정도가 아주 높은 것은 '고도'이다. '고가 제품', '고성을 지르다', '고음 불가', '고도의 집중력'과 같이 사용된다. 또 열량(칼로리, calorie)이 높은 식품은 '고열량, 고칼로리' 음식이고 주변보다 높은 곳은 '고지대', 산으로 이루어진 곳은 '고산지대'라고 한다.

5) __________은 소독을 하거나 마스크를 끼는 등 코로나 같은 병이 전염되는 것을 '막기 위해' 하는 일이다. 시끄러운 소리를 막는 것은 '방음', 겨울에 강한 추위를 막는 것은 '방한', 뜨거운 열을 막는 것은 '방열', 바람을 막는 것은 '방풍', 폭풍·홍수·지진·화재 등 재해를 막는 것은 '방재'이다. 주택 주변 고속도로 등에 세워져 있는 '방음벽', 추위를 막아 주는 '방한복·방한화·방한모', 뜨거운 열을 막아 주는 '방열복', '방열 장갑' 등과 같은 표현으로 사용된다.

우리 모두가 지구 주치의, 지구 지킴이

지구 주치의이자 지구 지킴이로서 우리가 할 수 있는 일, 또 해야 할 일은 무엇일까? 다음은 '기후 변화에 관한 정부 간 협의체'(IPCC, Intergovernmental Panel on Climate Change)에서 지구 온난화 해결책으로 제시한 개인이 '온실가스 배출량을 줄이는 60가지 방법'이다.

1) 온실가스 배출 자체의 회피(Avoid)

- 자동차 없이 살기
- 비행 1회 회피(장거리 왕복)
- 차량 수송 감축
- 비행 1회 회피(중거리 왕복)
- 항공 수송 감축
- 반려동물 없이 살기
- 재택근무
- 생활 공간 축소/공동 주택 (거주)
- 음식물 쓰레기 줄이기
- 연비 향상 운전
- 포장재 사용 줄이기
- 온수 절약
- 동물성 식품 덜 먹기
- 음식을 필요한 만큼만 먹기
- 난방 시 실내 온도 낮추기
- 가공식품/주류 섭취 줄이기
- 구매 줄이기, 내구재 구매
- 직물 줄이기
- 에너지 사용 줄이기
- 사용하는 가전 기기의 종류 줄이기
- 바이오 플라스틱 사용(플라스틱 및 화학 물질 사용 줄이기)

⌐ 종이 줄이기

2) 온실가스 배출 기술의 효율화(Improve)

⌐ 전기차로의 전환

⌐ 재생 에너지로 전력 사용

⌐ 건물 재단장 및 개조

⌐ 히트 펌프(heat pump)로 냉난방

⌐ 에너지 효율이 좋은 조리 기구 사용

⌐ 재생 에너지로 난방

⌐ 패시브 하우스(Passive house)

⌐ 재생 에너지 전력 생산

⌐ 하이브리드 차로 전환

⌐ 식재료를 스스로 재배하거나 생산

⌐ 더 작은 차로 전환

⌐ 건물의 단열 수준 강화

⌐ 지능형 전력 계량(smart metering)

⌐ 에너지 효율이 높은 가전 기기 사용

⌐ 에너지 및 자원 효율성 높이기

⌐ 가전 기기를 효율적으로 사용

⌐ 음식물 쓰레기 관리

⌐ 저탄소 건축

⌐ 재활용품 사용

⌐ 옥상 녹화(green roofs)

⌐ 재활용

⌐ 수소 연료 전지 차로 전환

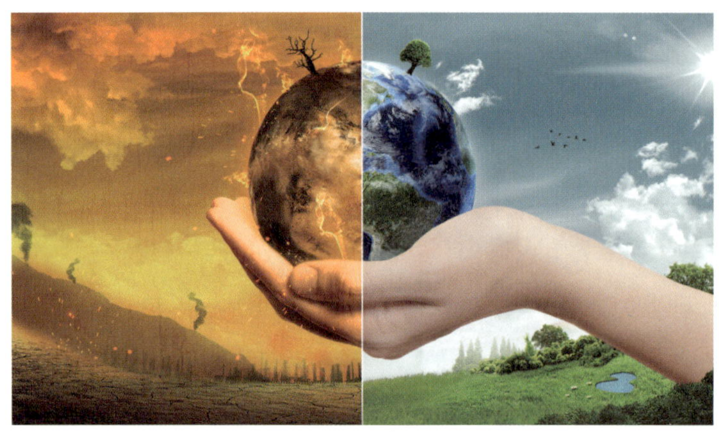

3) 온실가스 저배출 방식으로의 전환(Shift)

- 대중교통으로 전환
- 완전 채식(vegan)
- 지속 가능한 식단으로 전환
- 채식주의 식단(vegetarian)
- 저탄소 육류로 전환
- 유기농 식품
- 능동 수송(도보, 자전거)으로 전환
- 지중해식 및 이와 유사한 식단
- 지역/지방 음식
- 카풀/차량 공유
- 서비스/공유 경제
- 친환경 외식
- 영양 지침에 따르는 식단
- 제철/신선한 식품
- 유제품/식물/어류로의 식단 부분 전환
- 버스 대신 도보

어떤가? 60가지 목록 중 몇 가지 정도를 실천할 수 있을 것 같은가? 사실 이 목록 중 많은 부분이 친환경, 저탄소, 에너지 절약 등을 목적으로 다양한 캠페인과 정책을 통해 여러 나라에서 실시하고 있는 것들이다. 그러한 영향으로 이 글을 읽고 있는 여러분 역시 실천하고 있는 것들이 있을 것이다. 목록들을 보면 알 수 있겠지만 경제적으로도 그렇고 건강한 생활에도 도움이 되는 것들이 많다. 무엇보다 이 모두가 다른 사람을 위한 것이 아니라 바로 나 자신, 우리 모두의 생존이 걸린 문제이다. 나를 위해, 또 나의 가족과 아이들을 위해 하나씩 실천하는 것들을 늘려 가면 어떨까 싶다.

QUIZ 2

※ 글의 내용으로 맞으면 O, 틀리면 X 하십시오.

1) IPCC(Intergovernmental Panel on Climate Change)에서는 지구 온난화 해결을 위해 우리가 실천할 수 있는 60가지 방법을 제시하였다.

2) 지구 온난화 해결을 위한 목록은 대부분 경제적인 문제 등의 어려움이 커 현실적으로 실천하기 어렵다.

※ 빈칸에 알맞은 말을 쓰십시오.

3) __________은 '어떤 것의 양이나 수를 줄이는 것'이다. '온실가스 __________', '비용 __________'과 같이 사용된다. 몸무게 등의 수량이나 무게를 줄이는 것은 '감량', 회사 직원 등 사람 수를 줄이는 것은 '감원', 금액을 줄이는 것은 '감액'이다. 반대로 수량, 인원, 금액을 늘리는 것은 순서대로 '증량', '증원', '증액'이다.

4) __________은 사람의 얼굴, 머리, 옷차림, 또 건물이나 거리 등을 '예쁘게 꾸미는 것'이다. 얼굴을 꾸미는 것은 '얼굴 __________', 몸을 꾸미는 것은 '몸__________'이다. 특히 아름다운 색깔의 옷과 화장으로 예쁘게 꾸민 것은 '꽃__________'이라고 한다. 비슷한 표현으로 '치장'도 있다.

 위 글에 제시된 '개인이 온실 가스 배출량을 줄이는 60가지 방법' 중 여러분이 실천하고 있는 것을 표시해 봅시다. ① 이미 실천하고 있는 것, ② 더 실천할 수 있는 것, ③ (개인 차원에서) 실천하기 어려운 것에 대해 이야기해 봅시다.

①

②

③

제10장

지구 공동체와 세계 시민

1. 지구촌 시대의 개막
2. 지구촌 시대의 그림자
3. 지구적 과제, 지구적 해결 노력

🎯 학습 목표

1 지구촌 시대 인류의 생활에 대한 글을 읽고 인류의 삶이 얼마나 연결되어 있는지 이해할 수 있다.

2 지구촌 시대가 되면서 인류 생존을 위협하게 된 각종 문제에 대한 글을 읽고 이해할 수 있다.

3 지구적 문제 해결을 위해 실시되고 있는 일들에 관한 글을 읽고 그것의 필요성에 대해 이해할 수 있다.

※ '지구촌'이라는 말을 알고 있습니까? 교통과 통신이 발달하면서 먼 나라에 있는 사람하고도 쉽게 연락하고 다닐 수 있게 되어 지구가 작은 마을처럼 가까워졌다는 뜻으로 만들어진 말입니다. 여러분은 '지구촌'이라고 하면 어떤 생각이 떠오릅니까? 또 '지구촌 시대'가 되면서 어떤 것들이 좋아지고 편리해졌다고 생각합니까?

1) 선생님, 저는 지구촌, 지구촌 시대라고 하면 이런 것들이 떠올라요.

①

②

③

④

⑤

2) 그리고 '지구촌 시대'가 된 덕분에 이런 것들이 좋아지고 편리해진 것 같아요.

①

②

③

④

⑤

'지구촌'이란 말을 들어 보았을 것이다. '지구촌'이란 지구 전체를 하나의 작은 마을에 비유하여 이르는 말이다. 이 말은 1945년 세계적인 과학 소설 작가 중 한 명으로 꼽히는 '아서 C. 클라크 경'(Sir Arthur Charles Clarke, 1917~2008, 영국)이 처음 사용한 표현이다. 그는 머지않아 인공위성이 상용화되면 전 세계 사람들이 빛과 같은 속도로 빠르게 통신을 할 수 있을 것으로 생각하였다. 그의 생각은 1965년 최초의 상업 통신 위성 '얼리 버드(Early Bird)'가 발사되면서 현실이 되었다. 이후 우리는 '아서 경'의 생각처럼 언제 어디서든 연락을 할 수 있는 세상을 살게 되었다. 또 하루 만에 지구 반대편까지 오갈 수 있는 지구촌 시대를 살아가게 되었다.

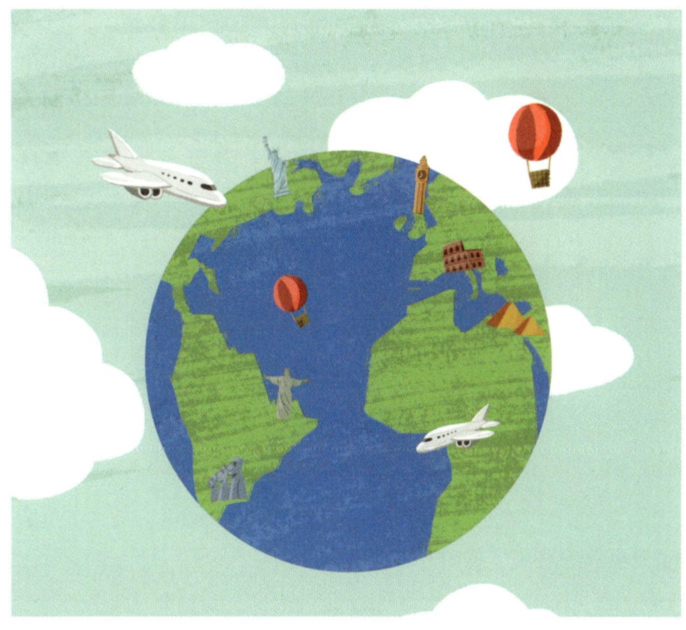

　여러분은 오늘 아침 가장 먼저 한 일이 무엇인가? 저자가 아침에 맨 처음 한 일은 스마트폰의 알람 소리를 듣고 일어나 알람을 끈 일이다. 아침잠이 없어진 어르신들이나 아침잠을 쫓을 필요가 없는 사람이 아니라면 아마도 저자의 아침과 크게 다르지 않았을 것이다. 이처럼 스마트폰의 시계는 언제나 1초도 틀리지 않고 정확하게 우리가 하루를 시작할 수 있게 해 준다. 아날로그(analogue) 시계나 전자시계를 사용하던 때를 생각해 보면 뭔가 다르다. 예전 시계들은 점점 빨라지거나 느려져서 시간이 안 맞아 불편했는데 스마트폰의 시계는 그렇지 않다.

　왜 그럴까? 스마트폰의 시계가 언제나 정확한 이유는 인공위성을 통해 시간 정보가 계속해서 수정되기 때문이다. 사실 스마트폰의 시계도 예전 시계처럼 느려지거나 빨라질 수 있다. 다만, 인공위성을 통해 계속해서 시간 정보가 업데이트(update)되기 때문에 정확한 시간을 유지하는 것뿐이다. 놀랍지 않은가? 우리가 매일 스마트폰을 통해 지구촌 시대를 넘어 이미 우주적인 생활을 하고 있다니 말이다.

　우주여행도 더 이상 영화 속 이야기가 아니다. 전기차 회사 '테슬라(Tesla)'로 잘 알려진 세계적인 천재 기업가 '일론 머스크'는 2050년까지 100만 명의 지구인을 화성(Mars)으로 보낼 계획이라고 한다. 자신이 만든 우주 기업 '스페이스 X'를 통해 이미 수십 차례

우주 비행에도 성공했다. 2023년 8월에는 우주에 다녀온 우주선을 다시 사용할 수 있게 하는 데 성공해 '상업 우주선'의 시대를 열었다.

또 약 7일간 달 주위를 돌며 관광을 하는 '디어 문(dear Moon)' 프로젝트(project)라는 것도 진행할 계획이라고 한다. 이 프로젝트는 일본인 기업가 '마에자와 유사쿠'의 지원 아래 가수 겸 배우로 활동 중인 한국의 '탑(그룹 '빅뱅'의 멤버)', 미국의 디제이(D.J., 디스크 자키)이자 프로듀서 '스티브 아오키'와 유튜버 '팀 토드', 체코의 안무가 '예미 AD', 아일랜드의 사진 작가 '리애넌 애덤', 영국의 사진 작가 '카림 일리야', 미국의 영화 제작자 '브렌던 홀', 인도의 배우 '데브 조시' 등 8명의 크루(crew)가 함께할 예정이라고 한다. '일론 머스크'의 계획대로라면 조만간 진짜 우주여행의 시대가 개막될지도 모르겠다.

QUIZ 1

※ 글의 내용으로 맞으면 O, 틀리면 X 하십시오.

1) 지구촌 시대가 되면서 사람들은 지구 반대편까지도 쉽게 다닐 수 있고 언제든 연락할 수 있게 되었다.

2) 인공위성의 도움이 없다면 스마트폰의 시계도 빨라지거나 느려진다.

3) '일론 머스크'는 '디어 문(dear Moon)' 프로젝트(project)를 통해 '상업 우주선'의 시대를 시작했다.

※ 빈칸에 알맞은 말을 쓰십시오.

4) __________은 '막'을 올린다는 뜻으로 연극, 음악회, 행사 등을 시작하는 것이다. 파리 올림픽은 2024년 7월 26일 '__________식'을 시작으로 17일간 진행되어 8월 11일 '폐막식'을 끝으로 마무리되었다. 한편 연극, 뮤지컬 같은 공연을 보면 1막, 2막, 3막 등의 순서로 진행이 되는데 '막'과 '막'의 사이 잠깐의 시간을 '막간'이라고 한다. 그래서 '막간'은 어떤 일이 끝나고 다음이 시작되기 전의 '짧은 시간'을 뜻한다. "막간을 이용하여 잠시 안내 말씀을 드리겠습니다."와 같이 사용된다. 연극 등 공연에서 '막'에 따라 이야기가 바뀌는 것처럼 우리가 살아가는 인생도 큰 변화를 기준으로 '인생 1막', '인생 2막'과 같이 표현한다.

5) __________은 도시의 반대말이다. '시골'과 비슷한 말이다. 그래서 __________
에 사는 사람은 '__________사람'이라고 한다. 좋은 표현은 아니지만 다른
사람을 낮춰 말할 때 남자는 '__________놈', 여자는 '__________년'이라고
한다. 마을이나 지역의 뜻으로 다른 말 뒤에 붙어 사용될 때도 있다. 대부분의
주민이 농사를 짓는 마을이나 지역은 '농__________', 물고기를 잡아 생활하는
어민들이 모여 사는 바닷가 마을은 '어__________', 산속에 있는 마을은
'산__________'이라고 한다.

활동 '우주여행 시대'가 된다면 여러분도 우주여행을 해 보고 싶습니까? 어디에 가 보고
싶습니까? 또 우주에서 어떤 일을 해 보고 싶습니까?

1) 선생님, 저는 우주여행이 가능해진다면 여기에 가 보고 싶어요.

①

②

③

2) 그리고 우주에서 이런 일들을 해 보고 싶어요.

①

②

③

▮지구촌, 지구인

　지구촌 시대가 되면서 인류는 그야말로 지구적인 생활을 하고 있다. 인친(인스타그램
친구), 페친(페이스북 친구), 트친(트위터 친구) 등 직접 만나 본 적도 없는 수많은 사람들과
SNS를 통해 친구를 맺고 안부를 물으며 소식을 주고받을 수 있다. 또 발달된 교통 덕

분에 전 세계 어디든 비행기나 고속 열차 등을 통해 하루 이틀이면 다녀올 수도 있게 되었다.

한국어에 익숙하지 않아 생긴 에피소드이긴 하지만, 취미가 뭐냐는 저자의 질문에 해외여행이라고 답한 외국인 학생의 말이 더 이상 우스갯소리가 아닌 세상이 되었다. 실제로 올해 1~6월 제주 항공의 왕복 항공권 구매자 중 약 4.5%는 주말을 이용해 가까운 일본 등으로 1박 2일 여행을 다녀온 사람들이었다. 심지어 그중 약 0.5% 정도의 사람들은 당일 일정으로 여행을 다녀왔다고 한다. 경제적으로 조금만 여유가 있다면 그야말로 해외여행이 취미일 수 있는 시대가 된 것이다.

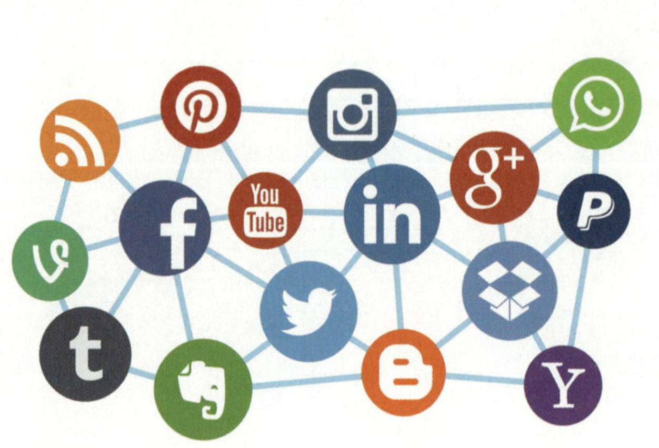

이뿐만이 아니다. 이제는 인터넷으로 구입한 물건을 바로바로 집에서 받아 볼 수 있다. 오늘 주문한 물건을 내일 받을 수 있게 되었으니 더 이상 필요한 물건을 사려고 귀찮게 마트에 갈 필요가 없어졌다. 심지어 과일이나 우유, 아침에 먹을 샐러드나 도시락 같은 신선식품도 저녁에 주문하면 새벽에 배송이 될 정도이다. 해외 배송도 마찬가지이다. 전에는 보름 이상, 길면 한 달 가까이 걸리던 해외 배송 기간이 크게 줄었다. 가까운 나라는 단 며칠이면 배송이 된다. 집에서 직접 요리를 해 먹는다는 외국 학생들에게 물어보면 요즘은 자국 인터넷 사이트에서 주문해도 단 며칠 만에 배송이 된다고 한다. 한국에 살면서도 필요한 물건이나 먹고 싶은 과자 등을 고향에서처럼 편리하게 살 수 있게 된 것이다.

이처럼 우리는 이미 지구적인 생활을 하고 있다. 우리가 일상생활에서 사용하는 물건, 각종 먹거리들을 한번 떠올려 보자. 자국에서 생산한 것들도 있겠지만 싼 가격이나 품질 때문에 수입해서 쓰는 것들도 많을 것이다. 특히 중국에서 생산된 제품들은 낮은 가격 덕분에 전 세계로 수출되어 지구인의 삶을 **풍족하게** 하고 있다. 중국과 이웃하고 있는 우리나라는 물론 세계 경제의 26.9%를 차지(23년 기준)하고 있는 미국에서도 생활 속에서 가장 많이 이용하고 있는 것이 바로 중국산 제품이다.

한 가지 예로 전 세계인으로부터 가장 많은 사랑을 받고 있는 애플(Apple)의 '아이폰'은 단 한 대도 미국에서 생산되지 않는다. 미국 제품이지만 생산 공장은 모두 중국, 인도 등 외국에 있으며 그 부품들은 한국, 일본, 대만, 홍콩, 싱가폴 등에서 만든 것들이다. 아이폰에 들어가는 각종 부품과 **원료**들을 살펴보면 전 세계 201개 나라가 직·간접적으로 연결되어 있다고 한다. 세계 어떤 나라, 어느 누구도 **홀로** 존재할 수 없는 그야말로 지구촌 시대인 것이다.

QUIZ 2

※ 글의 내용으로 맞으면 O, 틀리면 X 하십시오.

1) 교통이 발달한 덕분에 요즘 사람들은 취미로 세계 여행을 하며 많은 사람들과 인친, 트친, 페친 등의 친구 관계를 만들고 있다. ☐

2) 지구촌 시대가 되면서 해외 배송을 통해 자국 제품을 구입하는 외국인이 많아졌다. ☐

3) 아이폰은 미국 브랜드이지만 세계 여러 나라의 부품과 공장을 통해 제품이 만들어지고 있다. ☐

※ 빈칸에 알맞은 말을 쓰십시오.

4) 하루, 이틀, 사흘은 기간을 나타내는 표현들이다. 24시간은 하루, 48시간은 이틀, 72시간은 사흘이다. 이후 하루씩 기간이 더해지면 '나흘', '닷새', '엿새', '이레', '여드레', '아흐레', '열흘'이라고 부른다. 그리고 15일 동안의 기간은 __________이라고 한다.

5) '자기 나라'를 __________이라고 한다. 여기에서 '자'는 '자기' 또는 '자신'을 가리키는 말이다. 다른 사람은 '남' 또는 '타인'이다. 그래서 내 고향이 아닌 곳은 '타향', 다른 나라는 '타국', 고향이 아닌 곳에 사는 것은 '타향살이'라고 한다.

 여러분은 학교나 회사 등에 있는 실제 친구 이외에 인스타나 트위터, 페이스북 등을 통해 교류하고 있는 친구들이 있습니까? 그런 친구들(인친, 트친, 페친)과 무엇을 어떻게 교류하고 있습니까? 그런 친구들을 실제로 만난 적이 있습니까? 그런 친구들이 여러분의 실제 생활에 도움이 되었던 경험이 있습니까?

1) 선생님, 저는 이런 SNS 친구들이 있고 그 친구들과 이런 일들을 해요.

①

②

③

2) SNS 친구도 이런 면에서는 실제 생활에 도움이 되는 것 같아요.

①

②

③

1) 과학이 발달하고 지구촌 시대가 되면서 핵전쟁, 팬데믹, 기후 변화, 인공 지능, 자원 고갈처럼 전 인류의 생존에 영향을 주는 문제들이 많아지고 또 심각해지고 있습니다. 여러분은 이것들 중에 어떤 문제가 가장 심각하다고 생각합니까? 왜 그것이 가장 심각하다고 생각합니까?

선생님, 저는 이런 이유 때문에 이 문제가 가장 심각하다고 생각해요.

①

②

③

④

⑤

2) 코로나19가 전 세계적으로 크게 유행하면서 많은 문제들이 있었습니다. 코로나19로 인해 여러분이 겪었던 여러 가지 경험들에 대해 이야기해 봅시다.

선생님, 코로나19 때문에 저한테는 이런 일들이 있었어요.

①

②

③

④

⑤

　　지구촌 시대의 개막으로 과거와 비교할 수 없을 정도로 국가 간의 교류가 활발해졌다. 덕분에 우리의 생활은 그만큼 편리하고 풍족해졌다. 다만, 동전에 앞면이 있으면 뒷면도 있는 것처럼 그만큼 인류적 차원의 재앙도 점점 크고 빈번해지고 있다. 멀리 갈 필요도 없다. 2019년 말 첫 모습을 드러낸 코로나19는 수천만 명의 목숨을 빼앗으며 인류의 삶을 위협했다. 전 세계 확진자 수가 거의 7억 명에 달했으며 그중 10% 정도는 사망

했다고 한다.

긴 기간 마스크 착용이 필수가 되면서 '코스크'(코를 내놓고 입만 가려지게 마스크를 쓰는 것), '턱스크'(코와 입을 내놓고 턱만 가려지게 마스크를 쓰는 것), '마기꾼'(마스크와 사기꾼의 합성어. 마스크를 썼을 때의 이미지와 마스크를 벗은 모습이 완전히 다르다는 의미의 신조어. 보통 마스크를 낀 상태의 외모가 벗었을 때보다 더 나아 보일 때 사용하는 표현. '마해자'는 이와 반대의 뜻을 가진 표현) 등 마스크 착용과 관련된 다양한 신조어들도 만들어졌다. 코로나가 가져온 불편, 불안 등 사회적 영향이 그만큼 컸음을 보여 주는 예이다. 그런데 만약 코로나 19가 현재에 비해 국제적인 교류가 많지 않았던 100년 전, 1,000년 전에 발생했다면 어땠을까? 아마도 지금처럼 전 세계적인 문제가 되어 큰 피해를 발생시키지는 않았을 것이다.

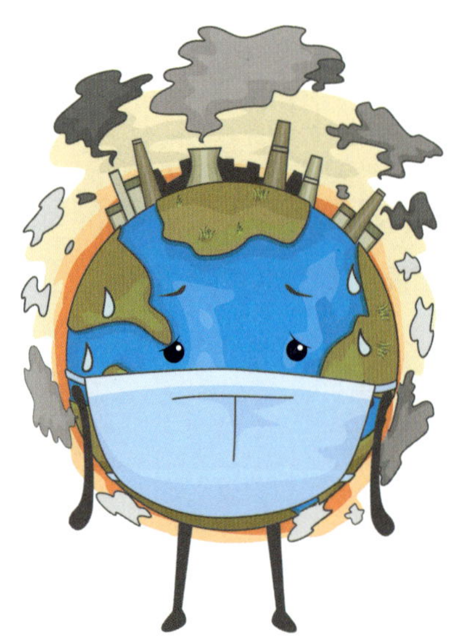

이뿐만이 아니다. 교통과 **운송**의 발달로 많은 사람들이 원하는 것들을 이전보다 값싸고 손쉽게 구할 수 있게 되었다. 하지만 지금도 지구 한쪽의 누군가는 그만큼 값싼 노동력을 제공하고 있다. 또 대량 생산되는 물건의 수만큼 자연은 파괴되고 병들고 있다. 국제적인 교류가 활발해지면서 자원, 기술, 노동력 등을 특정 국가와 지역에 지나치게 의존하게 되는 경우도 많아졌다. 이로 인해 자원이 무기화되면서 국가 간의 갈등도 커지고 있다. **핵전쟁**, 팬데믹, 기후 변화, 인공 지능, 자원 **고갈** 등 전 인류적인 문제들이 심각해지고 있다. 설마설마했던 전쟁도 결국 터지고 말았다. 팬데믹도 완전히 사라지지는 않고 있으며 폭염, 폭우 등 기후 변화는 점점 **극심해져** 인류의 생존을 위협하고 있다.

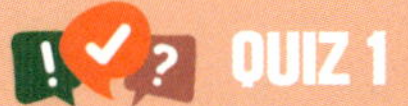 **QUIZ 1**

※ **글의 내용으로 맞으면 O, 틀리면 X 하십시오.**

1) 마기꾼은 코로나 유행을 이용하여 돈을 벌던 사기꾼을 가리키는 말이다.

2) 지금처럼 교통이 발달하지 않았다면 '코로나19'로 인한 피해는 더 컸을 것이다.

3) 최근에는 전 세계적으로 교류가 활발해지면서 전쟁 등 국가 간의 문제가 적어지고
있다.

※ **빈칸에 알맞은 말을 쓰십시오.**

4) __________은 의사가 환자의 병을 '틀림없이', '확실하게' 진단하는 것이다. 코로나19 검사 결과가 양성으로 나오면 '코로나19 __________자'가 된다. 상대의 질문이나 요청에 확실하게 대답하는 것은 '확답', 뭔가 결정이 필요한 일에 대해 어떻게 할지 확실하게 정하는 것은 '확정', 확실히 믿는 것은 '확신', 어떻다고 확실하게 말하는 것은 '확언'이다. 참고로 자신이 반드시 잘하고 성공할 수 있다고 믿으며 긍정적인 말이나 문장을 반복함으로써 자신감과 자존감을 높이고 스트레스를 줄이는 것을 '자기 확언'이라고 한다.

5) '__________한 더위'는 '아주 심한' 더위를 뜻한다. 또 '극도로 긴장하다'에서 '극도'는 '더할 수 없이 아주 심한 정도', '극진한 보살핌', '극진한 간호'의 '극진'은 아주 정성스럽다는 뜻이다. 자살의 의미를 갖는 '극단적 선택'에서 '극단'은 어떤 것의 가장 끝, 또는 그런 상황을 뜻한다. 또 '극한 직업'이라는 영화 제목으로도 사용된 '극한'은 뭔가를 시작해서 도달할 수 있는 최후의 단계, 한계를 뜻하는 말이다. 한편 아주 적은 수의 사람을 '극소수'라고 하는데 여기에서 '극-'은 '정도가 아주 심한'이라는 뜻을 갖는다. '극히 일부만 찬성하다'와 같이 사용되는데 '극히' 대신 '지극히'라고 할 수도 있다. 이 경우 조금 더 강조하는 의미를 갖는다.

지구적 위기의 시대

　지구가 처한 현재의 위기 상황을 알기 쉽게 보여 주는 두 가지 시계가 있다. '지구 종말 시계'(The Doomsday Clock)와 '환경 위기 시계'(The Environmental Doomsday Clock, 1992년부터 대한민국의 환경 재단과 일본의 아사히 글라스 재단에서 세계 90여 국가의 환경 전문가를 대상으로 한 설문 결과를 토대로 환경 위기 정도를 시계로 나타낸 것)가 그것이다. 지구 종말 시계는 1947년에 미국의 핵 문제 관련 단체에서 핵무기나 원자력의 위험이 어느 정도인지 알리기 위해 만든 시계이다. 여기에서 12시, 즉 자정은 인류 종말을 의미하는 시간이다. 현재 이 단체에서는 핵 문제뿐만 아니라 인류에게 큰 위협이 되고 있는 인공 지능과 지구 환경 문제에 대해서도 연구와 정보 제공 활동을 하고 있다. 지구 종말의 시간을 빠르게 하는 문제들이 더 다양해졌기 때문이다.

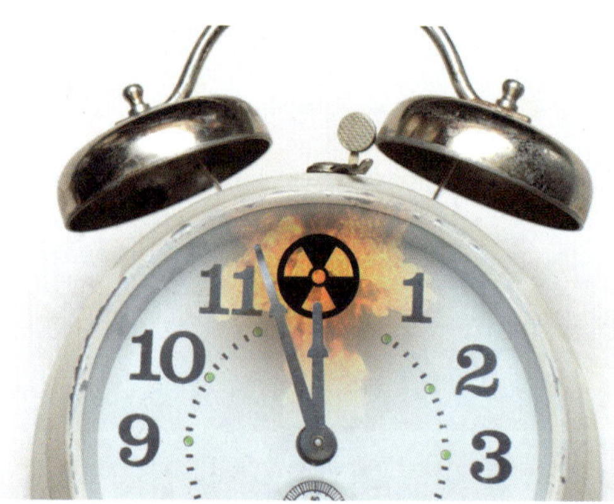

　지구 종말 시계와 환경 위기 시계는 모두 지구 종말까지 남은 시간을 알려 준다는 점에서 비슷하다. 하지만 시간을 결정하는 기준이 다르다. 지구 종말 시계와 달리 환경 위기 시계는 기후 변화, 생물의 다양성 감소, 자원 고갈 문제 등 환경 문제를 중심으로 시간을 측정한다. 그래서 두 시계의 시간 역시 다르다. 현재 환경 위기 시계는 9시 38분 정도인 반면 지구 종말 시계는 11시 58분 30초(2023년, 2024년 기준)를 가리키고 있다. 종말 시계의 경우 지구 종말까지 겨우 90초밖에 남지 않은 상황이다. 지구 종말 100초 전이던 시간이 러시아와 우크라이나 사이의 전쟁 등으로 10초가 더 빨라졌다.

　지구 종말은 어느 한 사람, 한 국가의 힘과 노력으로 막을 수 있는 문제가 아니다. 지구 전체적인 문제이기 때문이다. 국가 차원에서 친환경적인 제도를 도입하고 기업에서는 이에 따라 제품을 생산해야 한다. 또 개인은 그런 물건을 사용해야 한다. 국가, 기업, 개인 모두 각자가 처한 상황이 다르기 때문에 쉬운 일은 아니지만 결론은 정해져 있다. 전 세계 모든 국가, 인류 구성원 모두가 생각과 힘을 모아 지구가 처한 각종 문제를 해결해 나가야 한다. 전 인류가 이웃처럼 가까워진 지구촌 시대에서는 국제적인 협력만이 살아남는 길이다.

QUIZ 2

※ 글의 내용으로 맞으면 O, 틀리면 X 하십시오.

1) 한국과 일본 정부에서는 환경 위기 시계를 만들어 전 세계 90여 개 국가와 함께 환경 문제 해결을 위해 노력하고 있다.

2) 환경 문제를 계속해서 해결해 나가면 지구 종말 시계도 반대로 움직여 지구 종말의 시간이 더 늦어질 수 있다.

※ 빈칸에 알맞은 말을 쓰십시오.

3) 시간을 나타내는 표현 중 밤 열두 시는 __________, 낮 12시는 '정오'라고 한다. 그리고 조금도 틀림없는 바로 그 시각은 '정각'이라고 한다. "한 시 정각에 학교 앞에서 만나자.", "회의는 예정대로 열 시 정각에 시작되었다."와 같이 사용된다.

4) __________은 환경에 문제를 일으키지 않는 것, 또 해를 끼치지 않는 것을 뜻한다. 전기차처럼 오염 물질을 배출하지 않는 차는 '__________ 차'이다. 그렇게 만들어진 물건은 '__________ 제품', 그런 물건을 만들 수 있는 기술은 '__________ 기술'이다. 또 건강에 문제가 되지 않고 건강을 지켜 주는 것은 '친건강', 정치인 등이 일반 서민을 위하는 태도를 보이는 것은 '친서민적'이라고 한다. 한편 '친-'은 '친부모', '친형제', '친삼촌'처럼 친척이나 가족을 나타내는 말에 사용되기도 하고 '친미', '친정부'처럼 찬성하거나 돕는 대상에 쓰여 그것과 친하게 지낸다는 의미도 갖는다. '반정부', '반사회적'처럼 '반-'이 들어가면 그것에 반대한다는 뜻을 갖는다.

 코로나19 기간 마스크를 끼면서 사회에 많은 일들이 있었습니다. 여러분과 여러분 나라에서는 어떤 일들이 있었습니까? '마기꾼'처럼 마스크를 끼면서 생겼던 일들에 대해 이야기해 봅시다.

①

②

③

④

⑤

지구적 과제, 지구적 해결 노력

※ '지구촌 시대'인 지금, 세계는 아주 가깝게 연결되어 있습니다. 그래서 유엔(United Nations, 국제 연합)을 중심으로 인류가 먹고 자고 생활하는 데 영향을 미치는 여러 문제들(빈곤, 전쟁, 핵 문제, 기후 문제, 건강 등)을 함께 해결하기 위해 노력하고 있습니다. 다음은 이런 일을 함께 해결하기 위해 만든 조직(기구)이나 단체들입니다. 어떤 일을 하는 곳인지 조사해 봅시다.

① 유엔환경계획(UNEP, United Nations Environment Program)

② 유엔아동기금(UNICEF, United Nations Children's Fund)

③ 유엔식량농업기구(FAO, The Food and Agriculture Organization of the United Nations)

④ 세계 보건 기구(WHO, World Health Organization)

⑤ 세계 무역 기구(WTO, World Trade Organization)

⑥ 국제 원자력 기구(IAEA, International Atomic Energy Agency)

⑦ 국제 올림픽 위원회(IOC, International Olympic Committee, IOC)

⑧ 국제 축구 연맹(FIFA, Federation Internationale de Football Association)

⑨ 세계 스카우트 연맹(WOSM, World Organization of the Scout Movement)

⑩ 국경 없는 의사회(MSF, Medecins Sans Frontieres)

여러분의 국적은, 또 고향은 어디인가? 우리는 자신이 태어난 국가 안에서, 자신이 살고 있는 지역을 중심으로 하루하루 생활을 하고 있다. 그렇기 때문에 우리에게 가장 중요한 것은 지금 살고 있는 국가와 거주 지역의 상황과 환경이다. 그런데 세상이 변했다. 과거와 달리 지구 전체가 가까이 연결되어 있는 지구촌 시대가 되었다. 더 이상 자신이 살고 있는 곳만 생각하며 살 수 없는 시대가 되었다. 기후 위기를 비롯한 팬데믹, 핵전쟁, 자원 고갈 등의 영향이 어느 특정 국가나 지역, 사람으로 제한되지 않기 때문이다.

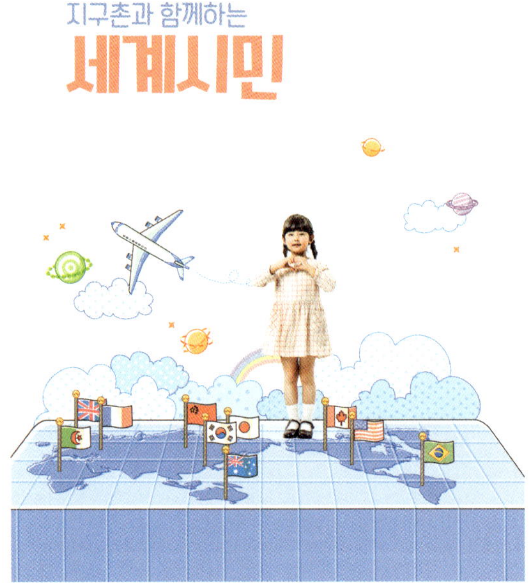

지구촌 시대, 각종 지구적 위기를 극복하기 위해 우리 모두는 이제 세계 시민이라는 이름으로 살아가야 한다. 세계 시민(Global Citizen)이란 지구촌 사회의 구성원으로서 지구촌 공통의 문제를 해결하면서 더불어 살아가는 지구 구성원을 가리키는 말이다. 세계 시민의 양성을 위해 '유네스코(UNESCO)'에서는 '유네스코 학교 네트워크(UNESCO Associated Schools Network)'를 통해 '세계 시민 교육'을 실시하고 있다. 유네스코 학교 네트워크(network)는 교육·과학·문화 분야의 국제 협력을 통해 전 세계의 평화와 지속 가능한 발전을 이루고자 하는 전 세계 학교들의 네트워크이다. 저자가 근무하고 있는 경희대학교도 국내 대학 중에서는 처음으로 2019년부터 '세계와 시민'이라는 과목을 통해 세계 시민 교육을 실시하고 있다.

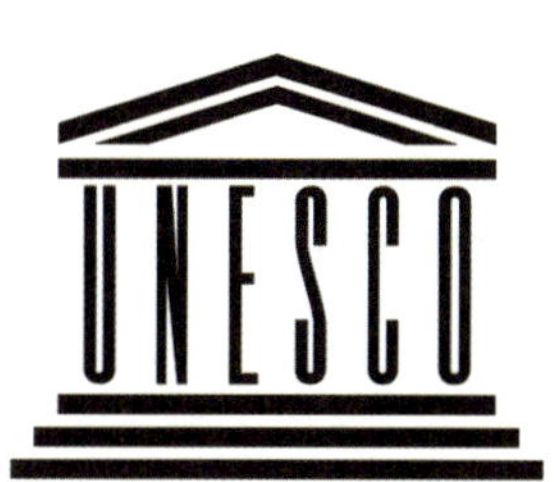

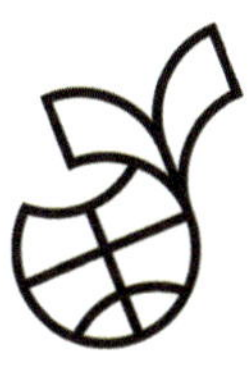

1953년에 만들어진 유네스코 학교 네트워크(UNESCO Associated Schools Network)에는 현재 180여 개국 11,500여 학교가 참여하고 있다. 유네스코 학교란 **인권**, 평화, 지속 가능 발전 교육, 세계 시민 교육과 같은 유네스코의 이념을 학교 교육에 **통합하여** 운영하는 학교를 말한다. 이러한 교육을 통해 유네스코 학교 구성원들이 세계 시민으로서의 **역량**을 갖추고 평화롭고 지속 가능한 지구촌 사회를 만들어 나가는 데 기여하도록 하려는 것이다. 지금도 지구 종말 시계는 불과 90여 초 남은 자정, 지구 종말의 시간을 향해 **재깍거리고** 있다. 우리 모두가 지구촌 시민, 지구 공동체의 구성원이라는 생각으로 지금 당장 세계 시민으로서의 삶을 실천하지 않는 한 지구 종말의 시간을 되돌리기는 어렵다.

QUIZ 1

※ **글의 내용으로 맞으면 O, 틀리면 X 하십시오.**

1) 우리는 대부분 자신이 태어난 국가 안에서 생활하므로 핵전쟁, 자원 고갈 등 나라 밖의 문제에는 크게 신경 쓰지 않아도 된다.

2) 유네스코에서는 전 세계 학교들과의 네트워크를 통해 지구적 위기를 극복하기 위해 노력하고 있다.

3) 유네스코 학교에서는 유네스코 이념 교육에 집중하기 위해 일반 학교 교육은 실시하지 않는다.

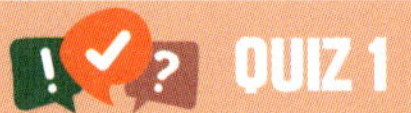

※ 빈칸에 알맞은 말을 쓰십시오.

4) __________은 모든 사람이 태어나면서부터 당연히 가지고 있는 권리, 사람이면 누구나 가지는 권리를 말한다. 국가나 다른 사람에 의해 이것에 문제가 생기는 것, 즉 침해당하는 것은 '__________ 침해', 이런 문제를 해결하도록 도와주고 보호하는 것은 '__________ 보호'이다. 한편 교사로서 가지게 되는 권위, 힘은 '교권', 한 국가의 시민으로서 가지는 권리는 '시민권', 특정 국가에서 일정한 자격을 갖춘 외국인에게 그 나라에서 계속 살 수 있게 해 주는 권리는 '영주권'이다.

5) __________은 둘 이상의 어떤 것을 하나로 합치는 것이다. 두 가지 이상의 과목을 하나로 합치면 '교과 __________', 둘 이상의 학과를 합치면 '학과 __________', 여러 지역을 하나로 만들면 '지역 __________'이다. 또 두 가지 이상이 서로 구별할 수 없을 정도로 아주 잘 합쳐진 것은 '융합', '종합 선물 세트', '종합 학원'처럼 여러 가지가 함께 모여 있는 것은 '종합'이다.

지구적 해결 노력, 지속 가능 발전 목표

'지속 가능 발전(개발) 목표(Sustainable Development Goals, SDGs)'라는 것에 대해 알고 있는가? 혹시 아직 들어 본 적이 없다면 이를 알리기 위해 세계적인 헐리우드(Hollywood) 스타들이 함께 제작한 홍보 영상을 꼭 한번 시청해 보길 권한다. '지속 가능 발전 목표(Sustainable Development Goals)'라는 검색어로 유튜브에서 찾아보면 세계 어디에서든 이 영상을 확인할 수 있을 것이다. BTS(방탄소년단)도 유엔 총회에서 이 내용에 대해 연설을 한 적이 있다. 전 세계적으로 사랑을 받고 있는 슈퍼스타들이 이를 알리기 위한 각종 활동에 나서고 있는 것은 그만큼 '지속 가능 발전 목표'의 실천이 중요하기 때문이다. 여기에 우리 모두의 행복과 평화, 생존이 달려 있기 때문인 것이다!

'지속 가능 발전 목표'는 2000년부터 2015년까지 진행된 '밀레니엄 개발 목표(Millennium

Development Goals, MDGs)'가 **종료된** 후 2016년부터 2030년까지 새롭게 실시되고 있는 유엔과 국제 사회의 공동 목표(유엔에서 공식적으로 부르는 이름은 The Global Goals)이다. 2015년에 채택된 이 아젠다(agenda)는 경제적, 사회적, 환경적 측면에서 지속 가능한 발전을 이루기 위한 17개의 목표와 169개의 **세부** 목표로 이루어져 있다. 이 목표들은 전 세계에 퍼져 있는 가난, 불평등, 기후 변화 등의 문제를 해결하고 인류의 지속 가능한 미래를 만드는 데 **길잡이** 역할을 하고 있다. 영국의 글로벌 대학 평가 기관인 '타임스 고등 교육((Times Higher Education, THE)'에서는 17가지 '지속 가능 발전 목표'에 따라 전 세계 대학들을 평가(THE 대학 영향력 평가, THE Impact Rankings)하고 있기도 하다.

다음은 '지속 가능 발전 목표'의 목록이다. 우리 자신을 위해, 그리고 인류를 위해, 지속 가능한 미래를 위해 우리 모두가 이를 실천하는 삶을 살았으면 좋겠다.

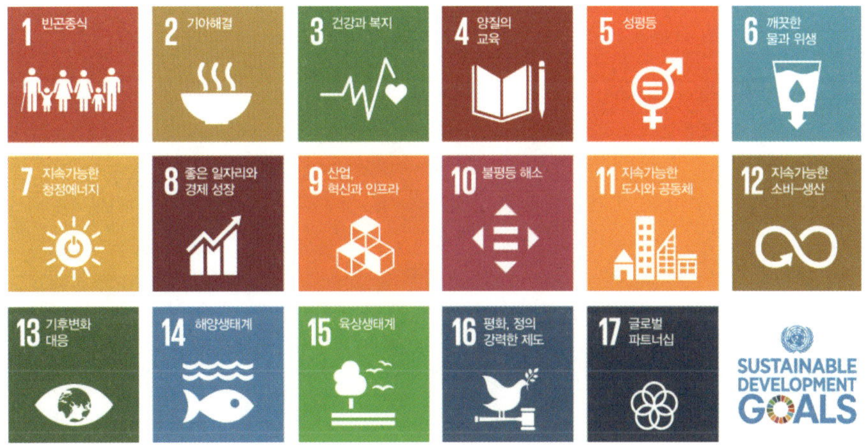

1. NO POVERTY: 지구 위 모든 빈곤 **종식**
2. ZERO HUNGER: 기아의 종식, 식량 안보 확보, 영양 상태 개선 및 지속 가능 농업 촉진
3. GOOD HEALTH AND WELL-BEING: 건강한 삶의 **보장**과 전 세대를 위한 복리 **증진**
4. QUALITY EDUCATION: 모두를 위한 폭넓고 수준 있는 교육 보장과 평생 학습 기회 제공
5. GENDER EQUALITY: 양성 평등과 **여권 신장** 실현
6. CLEAN WATER AND SANITATION: 모두를 위한 깨끗한 물과 위생 시설 접근

성 보장

7. AFFORDABLE AND CLEAN ENERGY: 모두를 위한 적정 가격의, 신뢰할 수 있고 지속 가능하며 현대적인 에너지에의 접근 보장

8. DECENT WORK AND ECONOMIC GROWTH: 모두를 위한 포용적이고 지속 가능한 성장과 고용, 양질의 일자리 제공

9. INDUSTRY, INNOVATION AND INFRASTRUCTURE: 복원력이 높은 사회 기반 시설 구축과 포용적이고 지속 가능한 산업화 증진 및 혁신 장려

10. REDUCED INEQUALITIES: 국가 내, 국가 간 불평등 해소

11. SUSTAINABLE CITIES AND COMMUNITIES: 포용적이고 안전하며 회복력 있는 지속 가능 도시 조성

12. RESPONSIBLE CONSUMPTION AND PRODUCTION: 지속 가능한 소비와 생산

13. CLIMATE ACTION: 기후 변화 대응

14. LIFE BELOW WATER: 대양, 바다, 해양 자원의 보호와 지속 가능한 이용

15. LIFE ON LAND: 지속 가능한 삼림 관리, 사막화와 토지 파괴 방지 및 복원, 생물 다양성 감소 방지

16. PEACE, JUSTICE AND STRONG INSTITUTIONS: 정의롭고 평화로우며 포용적인 사회 조성

17. PARTNERSHIPS FOR THE GOALS: 지속 가능 발전을 위한 **이행** 수단과 글로벌 파트너십 강화

QUIZ 2

※ 글의 내용으로 맞으면 O, 틀리면 X 하십시오.

1) BTS는 지속 가능 발전 목표를 알리기 위해 헐리우드 스타들과 홍보 영상을 제작하였다.

2) '지속 가능 발전 목표'와 '밀레니엄 개발 목표'는 2000년에 유엔과 국제 사회의 공동 목표로 함께 채택되었다.

※ 빈칸에 알맞은 말을 쓰십시오.

3) __________는 어떤 문제에 대해 논의하기 위해 그 단체의 구성원이 함께하는 모임이다. 정해진 일정한 시기에 모이는 것은 '정기 __________', 논의가 필요할 때 바로, 즉 필요할 때마다 개최하는 것은 '임시 __________', 애플, 테슬라, 삼성, LG와 같은 주식회사에서 주식을 가지고 있는 주주들과 만나는 모임은 '주주 __________'이다. 한편, 여기에서 '총–'은 '그것 전체를 포함하거나 합한다는 뜻'을 가진 말이다. '총인원(총원)', '총출동', '총감독', '총공격'과 같이 사용된다.

5) '수업 종료'처럼 어떤 행동이나 일이 끝나거나 하던 일을 끝마치는 것을 '종료', 진행하던 일을 멈추는 것, 그때까지 진행된 결과로 끝내는 것은 '종결'이라고 한다. '수사 종결', '재판 종결'과 같이 사용된다. '–아요/어요', '–(으)세요', '–(으)ㅂ시다' 같은 말은 '종결 표현'이라고 한다. 그리고 한동안 아주 많고 흔했던 현상이나 일이 끝나거나 없어지는 것은 __________이라고 한다. '코로나19 __________', '인종 차별 __________' 등으로 사용된다.

활동 여러분은 위 글에 제시된 '지속 가능 발전 목표' 중 가장 먼저 해결해야 할 문제가 무엇이라고 생각합니까? 여러분이 중요하다고 생각하는 것 세 가지를 골라 이야기해 봅시다.

선생님, 저는 지속 가능 발전 목표 중에 이런 일들을 먼저 해결해야 한다고 생각해요. 왜냐하면 그 일들을 해결하지 않으면 이런 문제가 생기거든요.

①

②

③

참고 자료

도서 자료

- 김중섭 외(2017), 2017년 국제 통용 한국어 표준 교육과정 적용 연구(4단계), 국립국어원.
- 스티븐 테오(2022), 엽숙혜 외 역, 김중섭 감수, 왕가위의 시간, ㈜모인그룹 열아홉.
- 이명귀, 최문석 외(2021), 외국인을 위한 성찰과 표현, 경희대학교 출판 문화원.

온라인 자료

- 국립 국어원 표준 국어 대사전 https://stdict.korean.go.kr/main/main.do
- 국립 국어원 한국어 기초 사전 https://krdict.korean.go.kr/kor/mainAction
- 2017년 국제 통용 한국어 표준 교육과정 적용 연구(4단계) 어휘, 문법 등급 목록
  https://www.korean.go.kr/front/reportData/reportDataView.do?mn_
  id=207&searchOrder=years&report_seq=932&pageIndex=1
- 대한민국 정책 브리핑 https://www.korea.kr
- 한국 민족 문화 대백과 사전(한국학 중앙 연구원) https://encykorea.aks.ac.kr
- 교육부 https://www.moe.go.kr
- 한국 국제 교류 재단 https://www.kf.or.kr
- 누리 세종학당 https://nuri.iksi.or.kr
- 한국 콘텐츠 진흥원 https://www.kocca.kr
- 한국 국제 문화 교류 진흥원 https://kofice.or.kr

제1장 키워드로 살펴보는 한국 사회 1

1. 신조어로 살펴본 한국 사회

① 생선: 생일 선물

② 고터: 고속버스 터미널

③ 버정: 버스 정류장

④ 베댓: 베스트 댓글

⑤ 알쓰: 알코올 쓰레기

⑥ 셤니: 시어머니

⑦ #G: 시아버지

⑧ 코노: 코인 노래방

⑨ 최최차차: 최애는 최애고 차은우는 차은우다.

⑩ 피켓팅: 피가 튀는 전쟁 같은 티켓팅

⑪ 어쩔티비: 어쩌라고 티브이(텔레비전)나 봐.

⑫ 저메추: 저녁 메뉴 추천

⑬ 만잘부: 만나서 반가워. 잘 부탁해.

⑭ 알잘딱깔센: 알아서 잘. 딱 깔끔하고 센스 있게.

⑮ ㅇㄱㄹㅇ ㅂㅂㅂㄱ: 이거 레알 반박 불가. 상대의 말이 논리적으로 완벽해서 반박하기 어려운 상태, 변명조차 하기 어려운 상태임을 나타내는 표현

⑯ 별다줄: 별걸 다 줄이네.

QUIZ 1

1) ○   2) ○   3) X

4) 귀화   5) 외래   6) 땡땡이치고

7) 자음   8) 의사소통

→ 3) 신조어의 사용이 어제오늘의 일은 아니지만 요즘처럼 자주 사용되기 시작한 것은 컴퓨터와 통신이 발달하면서부터이다.

QUIZ 2

1) X   2) ○   3) ○

4) 개인주의   5) 상당   6) 머지않다

7) 취업난   8) 백수

→ 1) 신조어는 사회적 필요에 의해 만들어지기 때문에 생기기도 쉽지만 사람들의 관심을 못 받으면 쉽게 없어지기도 한다.

QUIZ 3

1) X   2) X   3) X

4) 공익   5) 선불제   6) 기존

7) 유용한   8) 득보다 실이 큰

→ 1) '스불재'는 '스스로 불러온 재앙'을 줄인 말이다. 우연이지만 어떤 물건이나 서비스를 이용하기 전에 미리 돈을 내는 '선불제'와 발음 및 단어 구성이 비슷하다.

→ 2) 예전과 달리 최근에는 무슨 뜻인지 전혀 추측하기 어려운, 아니 상상조차 할 수 없는 신조어를 자주 접하게 된다.

→ 3) 신조어는 대부분 기존의 표현을 이용해 만들어지기 때문에 언어를 풍부하게 한다. 뿐만 아니라 그것이 생긴 이유, 즉 사회적 변화를 잘 드러내고 있어 해당 사회에 대한 이해를 도울 수 있다는 점에서 유용하다.

2. 신바람 나는 세상, 한국

QUIZ 1

1) X   2) X   3) ○

4) 한류   5) 순위   6) 불시착

7) 신바람

→ 1) 예전에는 삼성, LG 등으로 대표되는 한국의 기업이나 빠른 인터넷 속도 등 IT와 관련된 것들이 첫째 순위로 꼽혔는데 이제는 K-콘텐츠로 대표되는 문화·예술 분야가 한국을 대표하는 이미지가 되었다.

→ 2) 한국의 문화와 예술이 이처럼 세계적인 사랑을 받게 된 이유는 답하는 사람의 수만큼이나 다양할 것이다.

1) X   2) ○   3) ○
4) 거리   5) 예능   6) 뽑기
7) 인기리   8) 벌칙

→ 1) '오징어 게임'을 보면 '무궁화 꽃이 피었습니다', '달고나 뽑기', '딱지치기', '구슬치기', '줄다리기' 등 많은 한국인이 어린 시절 시간 가는 줄 모르고 즐겼던 추억의 놀이들이 등장한다.

1) X   2) ○   3) ○
4) 바닥   5) 변신   6) 품절
7) 인증   8) 사로잡다

→ 1) 한국은 무척이나 변화가 많고 속도 역시 빠르다. 우스갯소리지만 한국의 국제 전화 국가 번호가 82인 이유가 한국 사람들이 무엇이든 빨리하는 것을 좋아하기 때문이라는 말이 있을 정도이다.

3. 한국 사회의 명과 암: 경쟁과 경쟁력

1) X   2) ○   3) X
4) 기적   5) 기구   6) 동력

→ 1) 한국은 원조를 받는 나라에서 주는 나라로 변신한 유일한 국가이다.

→ 3) 비교적 최근의 일이지만 1990년대부터는 문화적인 면에서도 경제적 발전만큼 큰 성과가 이어지고 있다. 한국의 각종 문화가 '한류'라는 이름으로 전 세계인의 사랑을 받고 있다.

1) X   2) ○   3) X
4) 일류   5) 학벌   6) 시초
7) 약칭

→ 1) 경제적으로나 문화적으로 가지고 있는 자원과 기술이 거의 없었기에 한국이 경쟁력을 확보할 수 있는 방법은 교육과 훈련을 통해 우수한 인재를 양성하는 것이었다.

→ 3) 남보다 빠른 승진을 위해, 조건이 더 좋은 곳으로 직장을 옮기기 위해 취업 이후에도 경쟁은 계속된다.

1) ○   2) ○   3) X
4) 강국   5) 지옥   6) 불명예

→ 3) 이전 세대와 달리 MZ 세대로 불리는 젊은 사람들은 이러한 경쟁적 환경을 더 이상 참으려 하지 않는다.

제2장 키워드로 살펴보는 한국 사회 2

1. 코로나19 팬데믹과 OTT 전성시대

1) X   2) X   3) X
4) ○   5) 휴업   6) 싹쓸이
7) 강자   8) 흑자

→ 1) 지상파 방송의 시청률이 감소하자 드라마 제작자들도 OTT로 몰려들게 되었다.

→ 2) 미국의 시장 조사 기관인 '퓨 리서치
(Pew Rearch)'에 따르면, 2019년 한
국의 스마트폰 보급률은 95%로 세계 1
위로 나타났다.

→ 3) 코로나 기간이 길어지면서 OTT 산업의
성장도 점점 느려지고 있다. 팬데믹 기
간 동안 OTT가 대중화된 건 분명하지만
이용자가 감소하고 OTT 기업 간의 경쟁
이 더욱 치열해진 탓이다.

2. 다문화 사회, 한국

QUIZ

1) X   2) X   3) X
4) X   5) 출산   6) 고령
7) 업종   8) 고용주

→ 1) 한국의 고령화 비율(전체 인구에
서 65세 이상의 노인 인구 비율)은
19.33%(24년 4월 기준)로, '고령 사
회'의 기준인 14%를 넘어 '초고령 사회
(노인 인구 비율이 전체 인구의 20%)'를
앞두고 있다.

→ 2) UN에서는 외국인이 인구의 4%를 넘으
면 '다문화 사회'로 보므로 한국도 다문
화 사회로 접어들었다고 할 수 있다.

→ 3) 한국에서는 1993년부터 '외국인 산업 기
술 연수생 제도(2007년 '고용 허가제'로
변경)'를 통한 인력 수입이 시작되었다.

→ 4) 외국인 노동자가 증가하면서 한국인 고
용주의 지나친 요구와 폭언, 폭행, 임금
체불 등이 사회적으로 문제가 되고 있다.

3. 한국의 종교 현황과 점술 산업

QUIZ

1) X   2) X   3) X
4) X   5) 탈   6) 사주
7) 재물   8) 관상   9) 무속

→ 1) 한국 전체 개신교인 4명 중 1명은 교회
에 다니지 않으며 온라인 예배 등 개인
적인 종교 활동을 선호하는 것으로 나타
났다.

→ 2) 종교인들 중에도 주역 점이나 타로점 같
은 점술을 믿는 경우가 많았다.

→ 3) 점을 보는 사람에 대한 인식도 개선되고
있다. 예전에는 점쟁이로 무시하는 경우
가 많았는데 이제는 개인의 선택과 판단
을 돕는 조언가이자, 정신적 안정을 제
공하는 심리 상담사로 위상이 높아졌다.

→ 4) 옛날부터 동서양 모든 인류는 미래에 대
한 불안과 두려움을 해소하기 위해 점술
을 이용해 왔다.

제3장 한국의 음악·영상 예술: 케이팝, K-무비

1. 아름다움의 원천, 예술

QUIZ 1

1) ○   2) ○   3) X
4) 산물   5) 가계

→ 3) 자신이 좋아하는 스타의 '포토 카드(스타
등의 사진을 5.5cm×8.5cm 명함 크
기 정도의 카드로 만든 것. 음반에 한두
장 들어 있는 경우도 있고 멤버의 수만
큼 있는 경우도 있음)'를 가지고 다니며
자주 본다는 학생, 여기저기 다니며 포
토 카드와 함께 사진을 찍는다는 학생도
있었다.

QUIZ 2

1) X   2) X   3) X
4) 흥행   5) 환호

→ 1) 90년대 후반을 시작으로 2000년대에
들어서면서부터 한국의 대중 예술이 한
류라는 이름으로 전 세계인의 사랑을 받
고 있다.

→ 2) '재패니메이션'이라는 말은 일본의 애니
메이션이 '하와이'를 비롯한 미국의 서해
안 지역에 소개되면서 생겨났다고 한다.
이 말이 큰 인기를 끌면서 전 세계로 퍼
졌고, 이후 외국에서 일본 애니메이션을
부르는 말이 된 것이다.

→ 3) 지금과 달리 과거에는 TV가 영상 예술
을 접하는 거의 유일한 수단이었다.

2. 인류의 공통 언어, 음악

QUIZ 1

1) ○ 2) X 3) X
4) 태교 5) 공용

→ 2) '사랑하는 ○○' 부분을 '사랑하는 우리
○○'으로 바꿔서 부를 때도 많다. 이 경
우 '나'가 아닌 '우리', 즉 '함께임'을 강
조하는 한국 고유의 정서까지 표현할 수
있어 더욱 한국적인 노래가 된다.

→ 3) 이 노래가 처음부터 생일 축하 노래는
아니었다. 원래는 학교에 온 아이들을
맞이하며 아침 인사를 건네는 노래였다
고 한다.

QUIZ 2

1) X 2) X 3) ○
4) 주류 5) 제왕

→ 1) 아기 상어 체조(Baby Shark Dance)
영상은 유튜브 역사상 최초로 100
억 뷰(view)를 달성하며 기네스북
(Guinness Book)에 등재되었다.

→ 2) '아기 상어 체조'에 나오는 노래는 원래

미국의 구전 동요였는데 '더핑크퐁컴퍼
니'라는 한국 회사에서 한국어로 가사를
번역하고 여기에 어울리는 춤을 넣어 영
상으로 제작한 것이다.

3. 삶의 즐거움, 영상 예술

QUIZ

1) X 2) X 3) X
4) X 5) ○ 6) 일석이조
7) 부양

→ 1) 해야 할 일의 중간중간에 즐거움을 주는
영상으로 잠시 머리도 식히고 일과 공부
를 이어갈 힘도 얻을 수 있으니 일석이
조이다.

→ 2) 19세 이상 성인의 여가 활동 조사
(2023년 조사 결과)에 따르면 중 '동영
상 콘텐츠(contents) 시청'이 가장 높
은 비중(주중 85.9%, 주말 76.2%)을
차지하고 있는 것으로 나타났다.

→ 3) Z세대는 영상을 이용하는 방식도 좀 다
르다. 기존 세대와 달리 무언가 알아볼
게 생겼을 때 '네이버'나 '다음(Daum)',
'구글'이 아니라 유튜브를 이용한다.

→ 4) 영상을 즐기는 방식도 다르다. 기존 세
대가 주로 영상을 단순히 감상하기만 했
다면 이들(Z 세대)은 유튜브나 틱톡 등
을 통해 영상을 직접 만들어 올리는 경
우도 많다.

제4장 한국인의 스포츠

1. 골프와 사랑에 빠진 한국의 MZ 세대

QUIZ

1) X 2) ○ 3) ○

4) X   5) 구제   6) 중장년층

→ 1) 국가적 위기로 모두가 힘들어하던 시기에 박세리 선수의 계속된 우승은 '우리도 할 수 있다'는 꿈과 희망의 상징이 되었다. 이런 영향으로 2000년대에 들어서는 '박세리 키즈'로 불리는 많은 어린 골프 선수들이 등장했다.

→ 4) 실제로 젊은이들은 야외 골프장에 비해 상대적으로 비용이 저렴한 실내 스크린 골프장을 주로 이용한다. 퇴근 후 실내 골프장에 모여 간단하게 식사와 음주를 하며 짧게 즐기고 헤어지는 식이다.

2. 한국인의 혼이 담긴 스포츠, 양궁

QUIZ 1

1) ○   2) X   3) X
4) X   5) 자손   6) 최강

→ 2) 한국이 처음부터 양궁 강국이었던 것은 아니다. 1970년대까지는 국제 대회에서 메달을 딴 적이 없었다. 1984년이 되어서야 처음으로 서향순 선수가 올림픽에서 금메달을 차지했다.

→ 3) 한국 양궁의 국가대표 선발 과정은 매년 반복되며 그 과정을 통과한 최고의 실력자들만 국가대표로 선발된다. 한 명의 예외도 없다. 전년도 국가대표도, 세계 대회 금메달리스트도 다른 모든 참가자들과 마찬가지로 선발전에 참가해야 한다.

→ 4) 한국에서는 2000년대 초반부터 이미지 트레이닝 훈련을 도입하였다. 관중으로 가득한 경기장의 영상과 소리 등을 이용해 심리적 압박감을 극복할 수 있도록 한 것이다.

QUIZ 2

1) X   2) X   3) X
4) 시범   5) 혼성

→ 1) 올림픽 양궁 경기는 84년까지는 남녀 개인전밖에 없다가 88년 서울 올림픽부터 단체전이, 그리고 2020년 도쿄 올림픽부터 남녀 혼성 종목이 추가되었다.

→ 2) 2000년대 초반부터 많은 나라에서 한국 감독을 영입해 간 것도 문제이다. 그 결과 이들 국가의 실력이 한국 양궁을 거의 따라와 기술적인 차이가 별로 없어졌다.

→ 3) 올림픽 양궁 신기록 14개 중 12개가 한국 선수단에서 나온 기록이다. 심지어 1988년 서울 올림픽과 2000년 시드니 올림픽에서는 여자 개인전에서 '포디움 스윕'(podium sweep, 금, 은, 동메달을 모두 따는 것)을 하기도 했다.

3. e스포츠도 스포츠다

QUIZ

1) X   2) X   3) X
4) X   5) 외면   6) 논쟁

→ 1) e스포츠라고 하는 용어도 한국에서 처음 사용하였다. 2000년, '21세기 프로 게임 협회'(현 한국 e스포츠 협회) 창립 행사에서 '박지원' 문화관광부 장관이 사용한 것을 그 시작으로 보고 있다.

→ 2) 최근에는 '리그 오브 레전드'(League of Legends, 약칭 롤)의 이상혁 선수가 임요환 선수의 뒤를 잇고 있다.

→ 3) '이코노미스트(영국의 시사·경제지)'에 따르면, 1992년 '바르셀로나 올림픽'의 경우 경기를 관람하는 사람들의 평균 연령이 39세 정도였다. 그런데 관람객 평

균 연령이 점점 높아져 2016년 '브라질 리우 올림픽'에서는 53세로 증가했다고 한다.

→ 4) 축구 선수 메시(Messi)와 호나우두 (Ronaldo)의 멋진 드리블(dribble)에 박수를 보내듯, 롤 프로게이머 이상혁 선수의 플레이(play)에 전 세계 관중들 이 환호했다.

제5장 한국인, 한국 사회, 그리고 건강

1. 피로 사회, 정신 건강

QUIZ

1) X　　　　2) X　　　　3) X
4) 박탈　　　5) 불면

→ 1) 한국의 자살률은 인구 10만 명당 26명 (2021년 기준)으로 OECD 국가 중 1위 이다. OECD 주요 국가의 3~4배에 달 할 정도로 자살률이 높다.

→ 2) 건강 보험이 적용되는 정신 질환의 대상 과 금액도 지금보다 늘려야 한다.

→ 3) '국민 건강 보험 공단'의 자료에 의하 면 2017년에 221만 명 정도이던 진료 인원이 2021년에는 약 302만 명으로 40% 정도나 증가했다. 같은 기간 전체 진료비 역시 약 1조 5,000억 원에서 2 조 1,000억 원으로 늘어났다.

2. 건강에도 트렌드(trend)가 있다

QUIZ

1) X　　　　2) X　　　　3) X
4) 둘레　　　5) 평상

→ 1) 재미있는 사실은 웰빙(wellbeing)이라 는 단어가 국적도 유래도 정확하지 않은

신조어라는 점이다.

→ 2) 최근에 와서는 '자전거'와 '피트니스 (fitness)', 그리고 '필라테스(pilates)' 가 인기이다. 많은 돈을 내고 피트니스 센터나 필라테스 학원에 다닐 필요도 없 다. '팔 굽혀 펴기(push-up)', '스쾃 (squat)' 등 집에서 할 수 있는 운동(홈 트레이닝, 약칭 홈트)도 많다.

→ 3) 신기하게도 이러한 '웰빙, 건강 관련 운 동법'들을 보면 일정한 주기(대략 10년) 에 따라 유행이 바뀌고 있음을 알 수 있 다. 마치 보이지 않는 어떤 손이 트렌드 (trend)를 만드는 것 같다.

3. 치매, AI 의료

QUIZ 1

1) X　　　　2) ○　　　　3) X
4) 외상　　　5) 일정

→ 1) 수명이 길어지고 노인 인구가 증가하면 서 '치매' 환자가 급증하고 있다. 이에 치 매에 대한 연구와 대책 마련이 전 세계 공통의 과제가 되고 있다.

→ 3) 아직 보완해야 할 문제들이 많다. 입원 이 필요한 상황인데 일부 조건이 안 맞 는다는 이유로 치매 병원 입원이 불가한 경우도 많다.

QUIZ 2

1) X　　　　2) X　　　　3) X
4) X　　　　5) 맞춤　　　6) 격차

→ 1) 일부 국가에서는 '반려 로봇'이나 '돌봄 로봇'이 개발되어 환자들에게 큰 도움이 되고 있다.

→ 2) AI 의료에는 다음과 같은 문제가 있다. 초기 투자 비용이 클 뿐만 아니라 유지

하는 데도 비용이 많이 들어 치료비가
매우 비싸다는 점이다. 로봇 수술은 일
반 수술에 비해 약 3~5배 정도의 비용
이 드는 만큼 부유한 사람과 가난한 사
람들 사이에 심각한 의료 격차가 발생할
가능성이 높다.

→ 3) 미국의 경우 현재 전립선 수술의 90%
이상이 다빈치에 의해 이루어지고 있다
고 한다.

→ 4) AI로 인한 의료 사고가 발생했을 때 누
구에게 책임이 있는가 하는 문제이다.
인간 의사와 AI가 병의 진단과 치료 방
법에 차이를 보일 경우, 그리고 그로 인
해 환자가 피해를 볼 경우, 법원은 누구
의 손을 들어줄 것인가? 쉽지 않은 문제
이다.

제6장 IT와 한국

1. 또 하나의 세상, IT 월드

QUIZ 1

1) ○　　　　2) X　　　　3) ○
4) 혁명　　5) 절친

→ 2) 집에 돌아오면 인터넷과 스마트폰은
이제 멋진 오락 도구가 되어 지친 몸
과 마음을 위로해 준다. 새로 업로드
(upload)된 웹툰(webtoon)과 최신 드
라마, 그리고 영화와 게임에 이르기까지
인터넷으로 연결된 세상 속에는 즐거움
이 가득하다.

QUIZ 2

1) X　　　　2) X　　　　3) X
4) 신의 한 수　5) 파멸

→ 1) IT 정보·통신 기술은 우리가 사는 세

상, 우리의 일상에 크나큰 변화를 가져
왔다.

→ 2) 다섯 번의 게임에서 알파고는 대부분의
예상을 깨고 4승 1패로 승리했다.

→ 3) 인공 지능의 발달이 두려운 이유는 인공
지능이 무엇을 아는지, 그것을 왜 알게
되었는지를 우리가 알 수 없기 때문이
다. 인공 지능의 발달을 우려하는 전문
가들의 의견이다.

2. 인공 지능, 그리고 미래 사회

QUIZ 1

1) X　　　　2) X　　　　3) ○
4) 실시간　　5) 범용

→ 1) AI가 바꿔 놓을 미래 사회의 모습이 어
떨지, 구체적으로 세상이 어떻게, 또 어
느 정도까지 변할지는 쉽게 예상하기 어
렵다.

→ 2) 인공 지능이라는 것이 아직 그다지 친숙
하게 느껴지지는 않지만 사실 인공 지능
기술은 우리가 매일 사용하는 인터넷과
스마트폰 등에 이미 생각 이상으로 많이
적용되어 있다.

QUIZ 2

1) X　　　　2) X　　　　3) X
4) 응대　　5) 주행

→ 1) 자동화된 공장에 가면 사람을 찾아보기
힘든 넓은 공장, 스스로 작업을 해 나가
고 있는 자동화된 시스템과 각종 산업용
로봇 등을 볼 수 있을 것이다. 아직도 공
장이라고 하면 바쁘게 움직이는 많은 사
람들로 복잡하고 소음과 먼지 등이 가득
한 그런 장소를 생각하는 사람들이 많을
텐데 그렇지 않다.

2) 그동안 인간이 해 오던 단순하고 반복적인 수많은 일들이 AI 로봇으로 대체될 것이다. 위험하고 힘든 노동을 로봇에 맡기는 대신 인간은 더 가치 있고 창의적인 일에 집중할 수 있게 된다.

3) AI의 급격한 발전에 대해 두려움을 나타냈던 '스티븐 호킹' 박사의 우려와 달리 인공 지능이 전 인류의 생존과 발전을 위해 멋진 대안이 되길 기대해 본다.

3. IT 강국, 코리아

QUIZ 1

1) ○   2) X   3) X
4) 과도   5) 폭탄

2) 10여 년 전 미국의 뉴스 전문 채널 CNN 방송에서는 '여행을 계획하세요(Plan a trip)'라는 프로그램을 통해 전 세계 주요 국가를 소개했다. 이 프로그램에서 한국은 미국, 캐나다, 프랑스 등에 이어 9번째로 방송되었다.

3) 세대 간의 스마트폰 보유율 격차 역시 한국이 가장 낮은 것으로 조사되었다. 18~34세는 스마트폰 보유율이 99%에 달했으며 50세 이상 중장년층도 91%로 조사돼 그 차이가 겨우 8%밖에 안 됐다.

QUIZ 2

1) X   2) X   3) X
4) 취임   5) 운송

1) 1998년, 국가 부도의 위기에 처했던 대한민국은 IMF로부터 구제 금융을 받아 겨우 위기를 벗어났다. 그리고 그해 대통령으로 취임한 김대중 대통령은 한국을 IT 강국으로 만들기 위한 국가 차원의 발전 계획을 세웠다.

2) IT 강국으로 발전하기 위해 가장 먼저 해야 할 일은 한국 사회 곳곳을 '초고속 인터넷망'으로 연결하는 일이었다. 산업 사회로 발전하기 위해 물건을 운송하는 고속도로가 필요하였듯 정보 · 통신 선진국으로 발전하기 위해서는 정보의 운송을 위한 '인터넷망'이 필수적이었기 때문이다.

3) '국제 전기 통신 연합(ITU)'에서 발표한 '2017년도 정보 통신 기술(ICT) 발전 지수'에서 한국은 조사 대상 176개국 중 2위를 차지했다.

제7장 한국의 교육

1. 대한민국 교육의 뿌리, 홍익인간

QUIZ

1) X   2) X   3) X
4) 양육   5) 조선

1) 교육은 근본적으로 인격을 형성하고 성장시키기 위한 것이 되어야 한다. 단순히 지식이나 기술을 전달하는 수단이어서는 안 되는 것이다.

2) 현대 사회에서 바람직한 교육의 목적은 무엇일까? 창의적인 인재 양성을 말하는 사람도 있고 전인 교육의 중요성을 강조하기도 한다. 모두 맞는 말이며 무엇 하나 소홀히 하기 어렵다.

3) '홍익인간'만큼 한국적인 가치가 잘 담겨 있는 이념과 철학은 없는 듯하다. 서로가 상대방을 이롭게 하는 '홍익인간'의 정신에 따라 교육이 이루어진다면 현대 사회에서 발생하는 많은 문제가 해결될 수 있을 것이다.

2. 한국 교육의 발전 과정

QUIZ

1) X   2) X   3) X

4) 상위   5) 투입

→ 1) PISA 2022 이전의 평가인 PISA 2018의 결과와 비교했을 때 다른 OECD 회원국의 경우 점수가 하락한 반면 한국은 오히려 모든 영역에서 점수가 올라갔다.

→ 2) 한국은 1950년 전쟁으로 폐허가 된 나라를 '경제 개발 계획'에 따라 발전시키는 과정에서 교육 분야를 국가 발전의 핵심 동력으로 삼았다. 초등학교 과정에 의무 교육 제도를 도입한 것을 시작으로 세계적 기준에서 볼 때도 높은 수준의 예산을 교육에 투입해 교육 환경을 크게 개선했다. 교사에 대한 처우도 크게 높임으로써 양질의 교육이 이루어질 수 있도록 하였다.

→ 3) '4차 산업 혁명'의 시대가 되면서 세상이 원하는 인재도 달라졌다. 이에 따라 한국의 교육도 다시 변화를 꾀하고 있다. 그러나 이러한 노력만으로 암기 중심의 주입식 교육, 입시 위주의 교육을 근본적으로 바꾸기는 어렵다. 혁명적 변화가 필요하다.

3. 한국 교육의 성장통, 그리고 나아갈 길

QUIZ

1) X   2) X   3) X

4) 선행   5) 충동

→ 1) 한국 교육 문제의 대부분은 대학 입시 위주의 교육에서 비롯된다. 이러한 환경으로 인해 학원, 과외 등 사교육의 영향과 그에 따른 부작용이 적지 않다.

→ 2) 학교 교육 역시 인성 교육, 전인 교육은 뒤로한 채 입시 준비 중심으로 이루어지고 있다. 이러한 상황은 교육을 받는 학생에게도 그러한 교육을 시켜야 하는 학부모나 교사에게도 만족스럽지 않다.

→ 3) 최근 1년 심각하게 자살을 생각한 적이 있다고 대답한 학생이 2005년부터 3년간은 20%를 넘었다가 2008년에 10%대로 잠시 하락한 후 2021년부터 다시 상승하는 추세이다.

제8장 역사와 인생

1. 역사란 무엇인가

QUIZ

1) X   2) X   3) X

4) 결말   5) 인생

→ 1) 사전상으로도 역사의 의미는 '인류 사회의 변천과 흥망의 과정, 또는 그 기록'으로 되어 있다. '어떠한 사물이나 사실이 존재해 온 연혁', '자연 현상이 변하여 온 자취'와 같은 의미로도 사용된다.

→ 2) 인류 차원의 거대한 역사적 흐름도 그렇고 우리가 사는 인생사도 그렇다. 다른 듯 비슷한 일들이 계속되고 또 반복된다. 다만, 사람들 각자의 입장에서는 처음 하는 일들이 많아 새로운 것처럼 느껴지는 것뿐이다.

→ 3) 직접 물어볼 사람이 없어도 괜찮다. 언제라도 찾아볼 수 있는 책이라는 스승이 있기 때문이다. 책은 우리 주변의 그 누구보다 뛰어나고 현명한 사람들의 경험이 들어 있는 지혜의 보고이다. 책보다 영상이 편하다면 유튜브도 좋다.

2. 역사 공부, 거인의 어깨 위에 올라타는 것

1) X 2) X 3) X

4) X 5) 거인 6) 초심

7) 발상

→ 1) 수많은 사람들이 비슷한 궁금증과 욕망을 가지고 오래전부터 그러한 질문을 해 왔다. 나는 오늘 처음 하는 질문이지만 이미 많은 사람들이 답을 찾기 위해 끊임없이 조사와 연구를 진행해 온 문제들인 것이다.

→ 2) 오늘 무언가를 새롭게 시도하려고 할 때 무엇을 어떻게 시작해야 할지, 어떻게 해야 성공할 수 있을지 초심자인 우리는 잘 알지 못한다. 하지만 우리 앞에는 먼저 산 사람들이 남겨 놓은 수많은 정보와 지혜들이 가득하다. 뭔가를 하기에 앞서 그것을 먼저 찾아보는 것만으로 앞선 이들이 겪은 실패와 시행착오를 피할 수 있다.

→ 3) "소크라테스와 오후를 보낼 수 있다면 나의 모든 기술을 넘길 수 있다." 우리에게 스마트폰이라는 최고의 선물을 안겨 준 스티브 잡스가 한 말이다.

→ 4) 스티브 잡스는 휴대폰에 다시 한번 큰 변화를 주었다. 휴대폰의 용도를 단순한 전화기에서 '손 안의 컴퓨터'로 바꾼 것이다. 요즘은 스마트폰으로 전화하는 시간이 아주 짧거나 채팅으로 대체되어 거의 없어졌을 정도이다.

3. 실패? 아니, 성공의 어머니!

1) ○ 2) X 3) X

4) 좌절 5) 걸음

→ 2) 사실 우리가 조심해야 할 것은 반복되는 실패가 아니다. 오히려 하루아침에 이루게 된 성공이다. 역사는 수많은 사례를 통해 이런 성공이 결코 오래 계속되지 않음을 보여 준다.

→ 3) 한 번 성공했다고 해서 그것을 이어 가는 데 필요한 충분한 능력을 가지게 되는 것은 아니다.

1) X 2) X 3) X

4) 실직 5) 탈

→ 1) 실패를 통해 더 크게 성공할 교훈을 얻을 수 있다고 해도 그건 나중의 일이다. 실패가 곧 성공으로 이어질 거라고 확신하기도 어렵다. 사람들이 뭔가 새로운 일에 도전하는 것을 망설이는 이유이다.

→ 2) 어제와 똑같이 살면서 다른 미래를 기대하는 건 정신병 초기 증세이다. 아인슈타인의 말이다.

→ 3) 인생에 찾아온 위기도 이와 같다. 지금까지와는 뭔가 다르게 해 보라는 신호이다.

1) X 2) ○ 3) X

4) 오르막 5) 상대

→ 1) 인생은 자전거를 타는 것과 같다. 균형을 잡으려면 움직여야 한다. – 알베르트 아인슈타인. 인생은 자전거를 타는 것과 같다니 얼마나 멋진 비유인가?

→ 3) 좌우명이라는 말은 중국 '후한'의 학자 최원이 자기가 앉은 자리의 왼쪽과 오른쪽에 인생의 지침이 될 좋은 글을 붙여 놓고 가르침으로 삼은 것에서 유래된 말이다.

제9장 기후 변화와 인류

1. 삶의 휴식처, 자연

QUIZ 1

1) X   2) X   3) ○
4) 녹지   5) 거주

→ 1) 사전에 따르면 자연은 '사람의 힘이 더해지지 않고 저절로 생겨난 산, 강, 바다, 식물, 동물 따위의 존재, 또는 그것들로 이루어진 환경', '세상에 스스로 존재하거나 우주에 저절로 이루어지는 모든 존재나 상태'를 뜻하는 말이다. 자연에 대한 일반적인 생각과 다르지 않다.

→ 2) 도시에 살고 있는 많은 사람들은 자연 속에서 살고 있냐는 질문에 선뜻 긍정적인 답을 하기 어려울 것이다. 특히 자연을 접하는 시간이 갈수록 직어지는 현대에 들어서는 도시 속 녹지의 중요성이 더욱 커지고 있다.

QUIZ 2

1) ○   2) X   3) ○
4) 충전   5) 인사

→ 2) 센트럴 파크는 뉴욕 맨해튼(Manhattan) 한가운데에 있는 거대한 공원이다. 1850년 무렵 뉴욕 한 유명 인사의 조언도 큰 역할을 했다. "지금 이곳에 공원을 만들지 않는다면 100년 후에는 이만한 크기의 정신 병원이 필요할 것이다."

2. 환경 위기, 몸살을 앓고 있는 자연

QUIZ 1

1) ○   2) X   3) X
4) 해악   5) 식량

→ 2) 'Man'이라는 영상은 한국어로 된 제목에서 알 수 있듯 인간이 지구에 등장한 이래 자연에 끼쳐 온 해악이 사실적으로 묘사돼 있는 영상이다.

→ 3) 삶의 터전이자 휴식과 치유의 공간이 되어 주는 자연, 자연은 그렇게 우리에게 모든 것을 아낌없이 주는 존재이다. 1964년에 미국에서 출간하여 세계적인 고전이 된 책, '아낌없이 주는 나무*(The Giving Tree, Shel Silverstein)'에도 바로 그러한 자연의 모습이 잘 드러나 있다.

QUIZ 2

1) ○   2) X   3) X
4) 물품   5) 주범

→ 2) 미국 한 연구팀의 연구 결과에 따르면 온실가스 배출량(축치해 지역의 경우 14Gt(기가 톤, 1기가 톤은 10억 톤), 바렌츠해의 경우 16Gt)이 증가하면 북극곰들이 굶는 날도 하루씩 늘어나는 것으로 밝혀졌다. 또 미국이 30년 이상 60Gt이 넘는 온실가스를 배출할 경우 새끼 북극곰의 생존율이 약 4% 감소할 수 있다는 결과도 제시됐다.

→ 3) 영화적 상상력에 의한 것이기는 하지만 영화 '어벤저스: 인피니티 워'에 등장하는 슈퍼 빌런(villain) '타노스'는 우주 생명체의 절반을 없애려고 한다. 식량 문제 해결이 목적이다.

3. 지구가 아파요, 주치의가 되어 주세요

QUIZ 1

1) X   2) ○   3) X
4) 고열   5) 방역

→ 1) 코로나19의 가장 대표적인 증상이 고열이었다. 몸에 바이러스 같은 병원균이 들어오면 우리 몸에서는 바이러스를 죽이기 위해 백혈구가 나온다. 그리고 병원균과 싸우는 과정에서 몸에 열이 난다.

→ 3) 지구 온난화로 인한 기후 위기는 지구 전체의 문제이기에 코로나 때처럼 셧다운으로 해결할 수도 없다.

QUIZ 2

1) ○   2) X   3) 감축
4) 단장

→ 2) 지구 온난화 해결을 위한 목록 중 많은 부분이 친환경, 저탄소, 에너지 절약 등을 목적으로 다양한 캠페인과 정책을 통해 여러 나라에서 실시하고 있는 것들이다. 목록들을 보면 알 수 있겠지만 경제적으로도 그렇고 건강한 생활에도 도움이 되는 것들이 많다.

제10장 지구 공동체와 세계 시민

1. 지구촌 시대의 개막

QUIZ 1

1) ○   2) ○   3) X
4) 개막   5) 촌

→ 3) '일론 머스크'는 2023년 8월 우주에 다녀온 우주선을 다시 사용할 수 있게 하는 데 성공해 '상업 우주선'의 시대를 열었다. 또 약 7일간 달 주위를 돌며 관광을 하는 '디어 문(dear Moon)' 프로젝트(project)라는 것도 진행할 계획이라고 한다.

QUIZ 2

1) X   2) ○   3) ○
4) 보름   5) 자국

→ 1) 지구촌 시대가 되면서 인류는 그야말로 지구적인 생활을 하고 있다. 인친(인스타그램 친구), 페친(페이스북 친구), 트친(트위터 친구) 등 직접 만나 본 적도 없는 수많은 사람들과 SNS를 통해 친구를 맺고 안부를 물으며 소식을 주고받을 수 있다.

2. 지구촌 시대의 그림자

QUIZ 1

1) X   2) X   3) X
4) 확진   5) 극심

→ 1) 마기꾼은 마스크와 사기꾼의 합성어로 마스크를 썼을 때의 이미지와 마스크를 벗은 모습이 완전히 다르다는 의미의 신조어이다. 보통 마스크를 낀 상태의 외모가 벗었을 때보다 더 나아 보일 때 사용하는 표현이다.

→ 2) 만약 코로나19가 현재에 비해 국제적인 교류가 많지 않았던 100년 전, 1,000년 전에 발생했다면 어땠을까? 지금처럼 전 세계적인 문제가 되어 큰 피해를 발생시키지는 않았을 것이다.

→ 3) 국제적인 교류가 활발해지면서 자원, 기술, 노동력 등을 특정 국가와 지역에 지나치게 의존하게 되는 경우도 많아졌다.

이로 인해 자원이 무기화되면서 국가 간의 갈등도 커지고 있다.

1) X   2) ○   3) 자정
4) 친환경

→ 1) 환경 위기 시계는 대한민국의 환경 재단과 일본의 아사히 글라스 재단에서 세계 90여 국가의 환경 전문가를 대상으로 한 설문 결과를 토대로 환경 위기 정도를 시계로 나타낸 것이다.

3. 지구적 과제, 지구적 해결 노력

1) X   2) ○   3) X
4) 인권   5) 통합

→ 1) 세상이 변했다. 과거와 달리 지구 전체가 가까이 연결되어 있는 지구촌 시대가 되었다. 더 이상 자신이 살고 있는 곳만 생각하며 살 수 없는 시대가 되었다. 기후 위기를 비롯한 팬데믹, 핵전쟁, 자원 고갈 등의 영향이 어느 특정 국가나 지역, 사람으로 제한되지 않기 때문이다.

→ 3) 유네스코 학교란 인권, 평화, 지속 가능 발전 교육, 세계 시민 교육과 같은 유네스코의 이념을 학교 교육에 통합하여 운영하는 학교를 말한다.

1) X   2) X   3) 총회
4) 종식

→ 1) BTS도 UN 총회에서 이 내용('지속 가능 발전 목표')에 대해 연설을 한 적이 있다.

→ 2) '지속 가능 발전 목표'는 2000년부터 2015년까지 진행된 '밀레니엄 개발 목표(Millennium Development Goals, MDGs)'가 종료된 후 2016년부터 2030년까지 새롭게 실시되고 있는 유엔과 국제 사회의 공동 목표(유엔에서 공식적으로 부르는 이름은 The Global Goals)이다.

주요 어휘 및 관련 표현

주요 어휘 및 표현	일본어	중국어	영어
9단	九段	九段	9th tier
가계부	家計簿	家庭账本	household account book
감염	感染	感染	infection
감축	減縮	减少	reduction
강국	強国	强国	powerhouse
강자	強者	强者	someone who has power
개막	開幕	开幕	opening
개발 도상국	開発途上国	发展中国家	a developing country
개신교	プロテスタント	新教	protestantism
개인전	個人戦	个人赛	individual event
개인주의	個人主義	个人主义	individualism
개통하다	開通する	开通	to open
거대한	巨大な	巨大的	huge
거부하다	拒否する	拒绝	to reject
거인	巨人	巨人	giant
거주	居住	居住	residence
건국	建国	建国	the founding of a country
걸음마	よちよち歩き	蹒跚学步	the beginning footsteps
겨루다	競う	竞争	to compete
격차	格差	差距	gap
결말	結末	结局	the ending
고갈	枯渇	短缺	exhaustion/depletion
고령화	高齢化	老龄化	aging population
고립	孤立	孤立	isolation
고열	高熱	发烧	a high fever
고용	雇用	雇佣	employment
고용주	雇い主	雇主	employer
고유 정서	固有情緒	独特的情感	unique emotions/emotions unique to one's culture
고조선	古朝鮮	古朝鮮	Gojoseon (the first country of the Korean peninsula)
고혈압	高血圧	高血压	high blood pressure
공단	公団	公断	public corporation
공용	共用	公用	common use
공유하다	共有する	共享	to share

주요 어휘 및 표현	일본어	중국어	영어
공익 광고	公益広告	公益广告	public service advertisement
공중 부양	空中浮揚	悬浮	levitation
과도하다	行き過ぎだ	过度	to be excessive
과시욕	顕示欲	炫耀欲	a desire to show-off
과시하다	誇示する	炫耀	to show off
과음	飲み過ぎ	酗酒	heavy drinking
관상	人相	观相	face reading
교육부	教育部	教育部	the Ministry of Education
교차하다	交差する	交叉	to cross over/to intersect
교훈	教訓	教训	lesson
구불구불하다	くねくねする	弯弯曲曲	to be twisting and turning (in terms of a winding road)
구성원	構成員	成员	member
구전	口伝	口传	word of mouth
구제 금융	救済金融	救助	a bailout
국토	国土	国土	land
궁금증	気がかり	好奇心	curiosity
귀화하다	帰化する	归化	to be naturalized
귓가	耳元	耳旁	around the ears
그루	(一)本	棵	unit for counting number of trees
그루터기	切り株	树根	a stump
극심해지다	激しさを増す	加剧	to become extreme
기구	機構	机构	organization
기기	機器	设备	device
기능	機能	功能	function
기반하다	基盤を築く	基于	to be based on
기술적 특이점	技術的特異点	技术奇点	technical singularity
기적	奇跡	奇迹	a miracle
기존	既存	现有	existing
기피	忌避	忌讳	avoidance
길잡이	道標	指导	guideline
꺼리다	憚りがある	顾虑	to be reluctant to
꼴등	ビリ	垫底	last place
꼽히다	挙げられる	被认为	to be pointed out
끓어오르다	沸騰する	沸腾	to boil
끼(끼니)	(二)食	餐（饭）	meals
나침반	羅針盤	指南针	compass
난청	難聴	耳鸣	hearing loss
날갯짓	羽ばたき	争先	flapping one's wings

주요 어휘 및 표현	일본어	중국어	영어
남녀노소	老若男女	男女老少	men and women of all ages
남자부	男子部	男子部	the men's division
낭만	浪漫	浪漫	romance/romantic
내구재	耐久財	耐久品	durable goods
내리막길	下り坂	下坡路	downhill
노화	老化	老化	aging
녹지	緑地	绿地	green area
녹화	緑化	绿化	tree-planting/afforestation
논쟁	論争	争论	argument/controversy
논증	論証	论证	argumentation
놀거리	遊びの種	娱乐项目	things to do
누리다	（人気を)誇る	享受	to enjoy/to fulfill the moment
다람쥐	リス	松鼠	squirrel
다문화	多文化	多元文化	multiculturalism
다양성	多様性	多样性	diversity
단열	断熱	隔热	insulation
단체전	団体戦	团体赛	team event
달고나 뽑기	カルメ焼き	拔罐糖	pulling apart dalgona (Korean honeycomb toffee candy)
달하다	達する	有毒的	to reach
당뇨	糖尿	糖尿病	diabetes
대결	対決	对决	battle
대안	対案	替代方案	alternative
대중화	大衆化	大众化	popularization
덜하다	（味が)落ちる	较少	to be less than
돌파하다	突破する	突破	to break through
동력	動力	动力	the power to develop something
동서고금	古今東西	古今中外	from east to west
두부 외상	頭部外傷	脑震荡	head trauma
둘레길	ウォーキングコース	环绕小径	trail
뒤로하다	後にする	滞后	to dismiss/to ignore
뒤를 잇다	後を継ぐ	继承	to follow in one's footsteps
뒤처지다	後れを取る	落后	to fall behind
드림 팀	ドリーム·チーム	梦之队	dream team
득보다 실이 크다	得より失が大きい	弊大于利	to do more harm than good
들(들판)	野原	田野	field
등장하다	登場する	出现	to appear

주요 어휘 및 표현	일본어	중국어	영어
등재되다	登載される	登載	to be listed
따위	な(ん)ぞ	等	and things like that/and so on
땡땡이치다	道草を食う	无故缺席	to play hooky/to skip class
떠들썩하다	喧しい	喧闹	to make a lot of noise
리듬 체조	新体操	艺术体操	rhythmic gymnastics
마음을 사로잡다	心をつかむ	抓住心弦	to win one's heart
막대하다	莫大だ	巨大的	to be enormous
만렙	満レベ	满级	full level
맞춤형	オーダーメイド	定制的	customized
머지않아	遠からず	不久之后	soon/in the near future
먹거리	食べ物	食品	food
멸종	絶滅	灭绝	extinction
명과 암	明と暗	名与暗	brightness and darkness/pros and cons
명심하다	銘ずる	牢记	to keep in mind
명언	名言	名言	famous saying
명품	ブランド品	名牌	luxury goods
몰려들다	押しかける	涌入	to flock
무려	なんと	高达	as many as
무선 호출기	ポケットベル	无线呼叫器	pager
무속	巫俗(シャーマニズム)	巫术	shaman
무속 신앙	巫俗信仰	巫术信仰	shamanism
문구	文句	文句	phrase
물리학	物理学	物理学	physics
물품	品物	商品	products
미래학자	未来学者	未来学者	a futurist
민감하다	敏感だ	敏感	to be sensitive
바닥나다	底をつく	满脸通红	to run out of
발매되다	発売される	发行	to be released
발상의 전환	発想の転換	思维转变	shift in one's thinking
발을 동동 구르다	地団太を踏む	踌躇不前	to stamp one's feet/to be very anxious and impatient
방역	防疫	防疫	quarantine
배출량	排出量	排放量	emissions
백년지대계	百年の計	百年计划	a hundred-year period
백문불여일견	百聞は一見にしかず	百闻不如一见	Seeing is worth hearing about it.
백수	失業者	失业者	unemployed
백혈구	白血球	白细胞	white blood cells

주요 어휘 및 표현	일본어	중국어	영어
번영	繁栄	繁荣	prosperity
벌칙	罰則	惩罚	penalty
범용	汎用	通用	general purpose
벼랑	崖	悬崖	cliff
변신하다	変身する	变身	to make a transformation
변천	変遷	变迁	change
변화를 꾀하다	変化を図る	寻求变革	to bring about change
병원균	病原菌	病原菌	a pathogen
보고	報告	报告	report
보급률	普及率	普及率	penetration rate
보름	半月	半个月	fifteen days
보유하다	保有する	拥有	to hold
보장	保障	保障	guarantee
본격적으로	本格的に	正式地	in earnest
부도	倒産	破产	bankruptcy
북극곰	北極熊	北极熊	polar bears
북새통을 이루다	ごった返す	一片喧闹	to be crowded with people
북적거리다	人ごみになる	熙熙攘攘	to be crowded
분산시키다	分散させる	分散	to disperse
분포	分布	分布	distribution
불과	わずか	不过	only/mere
불과하다	過ぎない	只有	being no more than a certain amount
불교	仏教	佛教	buddhism
불면증	不眠症	失眠症	insomnia
불명예스럽다	不名誉である	不光彩	to be disgraced
불시착	不時着	意外着陆	crash landing
빈번해지다	頻繁になる	频繁发生	to become frequent
빌런	ヴィラン	恶棍	villain
빙하	氷河	冰川	glacier
빠져들다	夢中になる	陷入	to be mesmerized
뿌듯하다	胸がいっぱいだ	自豪	to be proud
삐삐	ポケベル	BB机 (呼叫器)	beeper
사주 카페	四柱推命(占い) カフェ	塔罗咖啡馆	fortune-telling cafe
사주 풀이	四柱推命の解釈	解八字	Fortune telling
산물	産物	产物	product
산업 재해	産業災害	工业事故	industrial accident

주요 어휘 및 표현	일본어	중국어	영어
상당수	相当数	相当数量	a considerable number of
상대성	相対性	相对性	relativity
상대적 박탈감	相対的剥奪感	相对剥夺感	a relative sense of deprivation
상용화되다	常用化	商业化	to be commercialized
생계	生計	生计	livelihood
생로병사	生老病死	生老病死	a matter of life and death
생명체	生命体	生物体	living organism
생물	生物	生物	organism/living thing
생성형 AI	生成 AI	生成型人工智能	Generative AI
선뜻	気軽に	欣然	without hesitation
선발	選抜	选拔	selection
선불제	先払い制度	预付制度	prepayment system
선사하다	プレゼントする	提供	to present/ to gift
선수단	選手団	运动员团队	athlete's team
선행 학습	先行学習	超前学习	prior learning
선호도가 높다	選好度が高い	受欢迎度高	to have a high preference
선호하다	好む	偏爱	to prefer
설렘	ときめき	激动	excitement
세부	詳細	细节	details
셧다운	シャットダウン	关闭	Shutdown
소독하다	消毒する	消毒	to sanitize
소비층	消費層	消费群体	consumer group
손금	手相	手相	palm reading
손꼽히다	指折り数えられる	首屈一指	to be among the best
수치	数値	数值	figure
순위	順位	排名	ranking
스승	師匠	师生	teacher
습득하다	習得する	习得	to acquire
습지	湿地	湿地	wetland
승부를 겨루다	勝負を競う	较量胜负	compete against each other
시급하다	急を要する	迫切	to be in urgent need of
시달리다	苦しめられる	受折磨	to suffer
시범 종목	模範種目	示范项目	demonstration event
시초	始まり	起初	the beginning
시행착오	試行錯誤	实践中的错误	trial and error
식량	食糧	粮食	food/provisions
신	神	神	god

주요 어휘 및 표현	일본어	중국어	영어
신기록	新記録	新记录	a new record
신바람	ウキウキ	新风气	extremely happy and excited feeling
신선식품	生鮮食品	新鲜食品	fresh food
신의 한 수	神の一手	神之一手	a stroke of genius
신인류	新人類	新人类	the new generation
신조어	新造語	新词	newly coined word
실시간	実時間	实时	real-time
실직	失職	失业	to lose one's job
심심풀이	暇つぶし	打发时间	just for fun
싹쓸이하다	総なめにする	席卷	to sweep/to take all
아낌없이	惜しげもなく	毫不吝啬	generously
악화되다	悪化する	恶化	to get worse
안도감	安堵感	安全感	relief
안무가	振付師	编舞者	choreographer
알고리즘	アルゴリズム	智能算法	algorithms
암표	ダフ屋	暗票（如：黄牛票）	scalper's ticket
압도하다	圧倒する	压倒性	to overwhelm
압박감	圧迫感	压力感	pressure
약칭	略称	简称	abbreviation
양성하다	養成する	培养	to train
양육하다	養育する	养育	to raise
양질의	良質な	高质量的	high-quality
억울하다	悔しい	冤枉	to be unfair
업로드되다	アップロードされる	上传	to be uploaded
업종	業種	行业	business type
업체	業者	公司	company
엔데믹	エンデミック	地域性的	endemic
여권 신장	女権伸長	保障女权	to improve women's rights
여론	世論	舆论	public opinion
여자부	女子部	女子部	women's division
역량	力量	能力	capability
역술인	占い師	神秘学者	fortune teller
연령층	年齢層	年龄层	the age group
연맹	連盟	联盟	federation
연혁	沿革	历史沿革	history
영감	霊感	灵感	inspiration

주요 어휘 및 표현	일본어	중국어	영어
영입하다	迎え入れる	引进	to bring in
예능 프로그램	バラエティ番組	综艺节目	entertainment programs
예배	礼拝	礼拝	worship
예전	以前	以前	former days
오르막길	上り坂	上坡路	uphill
온난화	温暖化	全球变暖	global warming
온실가스	温室効果ガス	温室气体	greenhouse gases
온전한	完全な	完整的	entire/whole
왕관	王冠	王冠	crown
외래어	外来語	外来语	foreign word
외면받다	そっぽを向かれる	被忽视	to be turned away
외환 위기	通貨危機	外汇危机	financial crisis
요양	療養	养护	recuperation
우스갯소리	笑い話	笑话	a joke
우승컵을 들어 올리다	優勝カップを持ち上げる	举起冠军奖杯	to lift the trophy
우울증	うつ病	抑郁症	depression
운세를 보다	運勢を見る	看运势	to read one's fortune
운송	運送	运输	transport
운송하다	運送する	运输	to transport
운영되다	運営される	运营	to operate
워라밸	ウォラベル	工作与生活平衡	work-life balance
원동력	原動力	动力源	driving force
원료	原料	原料	raw material
원망스럽다	恨めしい	怨恨	to feel resentful
원자력	原子力	核能	nuclear power
원조	援助	元祖	aid
원천	源泉	源头	source
웰빙	ウェルビーイング	幸福，安康	well-being
위상	地位	地位	topology
위주	中心	重点	mainly
위태롭다	危うい	危险	to be in jeopardy
유래하다	由来する	起源于	to derive from
유례없이	類を見ないほど	前所未有地	unprecedentedly
유명 인사	有名人	名人	a celebrity
유선	有線	有线	wired
유용하다	有用だ	有用	to be useful/ to come in handy

주요 어휘 및 표현	일본어	중국어	영어
유제품	乳製品	乳制品	dairy products
유토피아	ユートピア	乌托邦	Utopia
윷놀이	ユンノリ	翻板子游戏	Yutnori(traditional Korean board game)
응대하다	応対する	应对	to respond to
응원단	応援団	助威团	cheering team/squad
의사소통	コミュニケーション	沟通	communication
의학	医学	医学	medicine
이념	理念	理念	ideology
이머징 국가	エマージング国家	新兴国家	emerging country
이탈하다	離脱する	离职	to break away/to run away
이행	移行	履行	fulfillment
인공위성	人工衛星	人造卫星	satellite
인권	人権	人权	human right
인기리에	最人気	人气之旺	in popularity
인력	人力	人力	human resources
인생사	人生史	人生历程	life history
인성 교육	人格教育	人格教育	character education
인적 자원	人的資源	人力资源	human resources
인종	人種	种族	race
인증	認証	认证	certified
인지	認知	认知	cognition
인터넷망	インターネット回線網	互联网网络	Internet network
일과 시간	日課時間	工作时间	work hours/daily routine
일대	一帯	一代	the whole area
일류	一流	一流	first-class
일석이조	一石二鳥	一石二鸟	killing two birds with one stone
일정하다	一定だ	确定	to be consistent
임기	任期	任期	term of office
입문자	入門者	新手	a first-timer
입지	立地	地理位置	location
자국	自国	痕迹	local/home country
자산	資産	资产	property/ assets
자손	子孫	子孙	descendants
자율 주행	自動運転	自动驾驶	autonomous driving
자음	子音	辅音	consonant
자정	午前0時	子时	midnight

주요 어휘 및 표현	일본어	중국어	영어
자체적으로	自主的に	自主地	on one's own
자취	跡形	踪迹	trace
자판	キーボード	键盘	keyboard
재깍거리다	かちかち鳴る	滴答声	to keep clicking/to keep ticking
재단	財団	财团, 基金会	foundation
재단장	一新する	缝纫	refurbishment
재물운	財物運	财运	fortune for wealth
재앙을 불러오다	災いを招く	带来灾难	to bring disaster
재충전	再充電	充电	to recharge
저출산	少子化	低生育率	low birth rate
저탄소	低炭素	低碳	low carbon
적자를 면하다	赤字を免れる	避免亏损	to avoid a deficit
전구	電球	灯泡	light bulb
전년도	前年度	去年	the previous year
전립선	前立腺	前列腺	prostate
전사	戦士	战士	a warrior
전성시대	全盛時代	全盛时期	the heyday
전인 교육	全人教育	全人教育	whole-person education
절친	親友	知己	best friend
점성술	占星術	星相术	astrology
점술	占術	占卜	fortune-telling
접속하다	接続する	连接	to connect
정상	頂上	冠军	the top
정신이 번쩍 들다	ぱっと気がつく	顿时醒悟	to come to one's senses
제왕	帝王	帝王	king
조성되다	助成される	形成	to be formed
종료되다	終了する	结束	to come to an end
종말	終末	终结	the end of life/apocalypse
종식	終息	终止	the end
종합적	総合的	综合的	comprehensive
좌우명으로 삼다	座右の銘にする	作为座右铭	to make one's motto
좌절감	挫折感	挫折感	a sense of defeat/frustration
주거	住居	居住	residence
주거지	住居地	居住区	place of residence
주기	周期	周期	period
주류	主流	主流	mainstream
주범	主犯	主犯	the main culprit
주역 점	易占い	周易占卜	I Ching Reading (The Book of Changes)

주요 어휘 및 표현	일본어	중국어	영어
주입식	詰め込み	注入式	rote-learning/cramming method of education
주치의	主治医	主治医师	family doctor
죽기 살기로	死に物狂いで	拼命，拼尽全力	(figurative expression) do or die
중장년층	中高年層	中老年层	middle-aged
증진	増進	促进	promotion
지구촌	地球村	地球村	global community
지상파 방송	地上波放送	地面广播	terrestrial broadcasting
지속되다	続く	持续	to continue
지옥	地獄	地狱	hell
지침	指針	指南	instructions
직물	織物	纺织品	textiles
진료	診療	就诊	diagnosis
진화하다	進化する	进化	to evolve
질병청	疾病管理庁	疾病控制中心	Korea Center for Disease Control and Prevention
집착	執着	执着	obsession
짝꿍	相棒	搭档	partner
차별화되다	差別化される	差异化	to be differentiated
차지하다	占める	占据	to take up/to occupy
착용	着用	穿戴	to wear
창립	創立	创立	foundation
창의적	創意的	创造性的	creative
채택되다	採択される	采纳	to be chosen
챗봇	チャットボット	聊天机器人	chatbot
처우	処遇	待遇	treatment
천주교	カトリック教	天主教	catholic
철학	哲学	哲学	philosophy
체불	未払い	欠薪	overdue payment
초라하다	みすぼらしい	破旧的	to be shabby
초심자	初心者	初学者	a beginner
초인공지능	超人工知能	超人工智能	super artificial intelligence
총회	総会	大会	general meeting
최강	最強	最强	the strongest
최상위권	最上位圏	最高层次	the highest rank
최첨단	最先端	先进（超新）	state-of-the-art
추리	推理	推理	reasoning
추세	流れ	趋势	trend

주요 어휘 및 표현	일본어	중국어	영어
출산율	出産率	出生率	fertility rate
출세	出世	出世	one's rise to fame
충동	衝動	冲动	impulse
취업난	就職難	失业问题	unemployment crisis
취임하다	就任する	就职	to be appointed/to take office
취하다	(休憩を)取る	采取	to take/to get
측정하다	測定する	測量	to estimate
치매	認知症	痴呆	dementia
치명적이다	致命的だ	致命的	to be fatal
치열하다	熾烈だ	激烈	to be fierce
치유	治癒	治愈	healing
친숙하다	なじみがある	熟悉	to be familiar with
친환경	環境にやさしい	环保	Eco-friendly
침체하다	沈滞する	不景气	to go down/to stagnate
키워드	キーワード	关键词	keyword
타로점	タロット占い	塔罗店	Tarot Card Reading
탈락하다	脱落する	退出	to be eliminated
탈이 나다	病気になる	出毛病	to get sick/to get food poisoning
탈종교	脱宗教	弃教	post-religion
태교	胎教	胎教	prenatal education
태반	ほとんど	胎盘	the majority of/quantity exceeding half of the whole
태아	胎児	胎儿	fetus
터전	基盤	地盘	one's place of residence
테스트 베드(test bed)	テストベッド(test bed)	测试基地	test bed
토대로	もとに	以…为基础	on the basis of
토정비결	土亭秘訣	土亭秘訣	Fortune-reading through the Secret of Tojeong (Book of prophecy/fortune reading)
통계청	統計庁	统计局	National Statistical Office
통신망	通信網	通信网络	communication network
통제	統制	控制	to control
통합하다	統合する	统合	to consolidate
투입하다	投入する	投入	to invest
투정을 부리다	だだをこねる	任性发脾气	to be grumpy
투혼	闘魂	斗志	fighting spirit
파멸	破滅	灭亡	destruction
판도라의 상자	パンドラの箱	潘多拉盒子	Pandora's box

주요 어휘 및 표현	일본어	중국어	영어
팬데믹	パンデミック	（大規模流行的）疾病	pandemic
페달	ペダル	踏板	pedal
평상복	普段着	便服	casual clothes
평온하다	平穏だ	安宁	to be at peace
평탄하다	平坦だ	平坦	to be flat
폐허	廃墟	废墟	ruins
폭언	暴言	辱骂	abusive language
폭염	猛暑	高温	heat wave
폭탄주	爆弾酒	炸弹酒	bomb liquor
폭행	暴行	暴行	assault
표본	標本	样本	sample
표적	標的	靶子	target
품절되다	品切れになる	售罄	to be out of stock
풍족하다	豊かだ	丰富	to be well-off
플랫폼	プラットホーム	平台	platform
피트니스	フィットネス	健身	fitness
필라테스	ピラティス	普拉提	pilates
하루아침에	一夜にして	一夜之间	overnight
학벌	学閥	学历背景	academic background
한류	韓流	韩流	Korean wave
한파	寒波	寒冷	cold wave
합성하다	合成する	合成	to combine
해악	害悪	恶害	harm
핵전쟁	核戦争	核战争	nuclear war
허가제	許可制	许可制	a permit system
혁명	革命	革命	revolution
현역	現役	現役	to be active (as a player)
현황	現況	现状	current situation
협의체	協議体	协议机构	council
협회	協会	协会	association
혼	魂	魂	spirit
혼성	混成	混合	mixed-gender event
홀로	一人で	独自	alone
홈트	宅トレ	家庭健身	home training
화살	矢	箭头	arrow
화석 연료	化石燃料	化石燃料	fossil fuel
화성	火星	火星	Mars
확산되다	拡散する	扩散	to spread

주요 어휘 및 표현	일본어	중국어	영어
확진자	感染者	确诊者	confirmed case
확충	拡充	扩充	expansion
환호하다	歓呼する	欢呼	to give out a cheer
활	弓	弓	bow
활력	活力	活力	vitality
회피	回避	避免	avoidance
효자	孝子	孝子	original meaning is a good son but in some cases, it refers to something that contributes to the increase of revenue or positive result
휴업	休業	休业	closing (of a business)
흑자	黒字	盈利	surplus
흡연	喫煙	吸烟	smoking
흥겹다	興に乗る	欢快	to be fun
흥망	興亡	兴衰	rise and fall
흥얼거리다	口ずさむ	哼哼唧唧	to hum along
흥행	興行	兴起	a box office hit